黑科技系列丛书

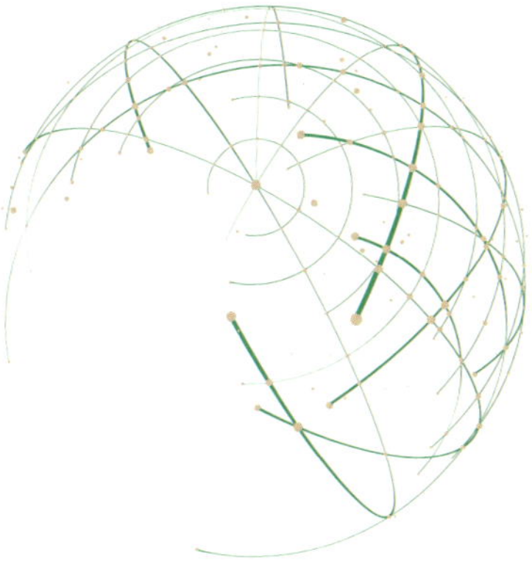

与领导干部谈区块链

区块链新基建赋能数字化转型

黄　震◎著

中共中央党校出版社

图书在版编目（CIP）数据

与领导干部谈区块链／黄震著．--北京：中共中央党校出版社，2020.6

ISBN 978-7-5035-6711-7

Ⅰ.①与…　Ⅱ.①黄…　Ⅲ.①电子商务-支付方式-干部教育-学习参考资料　Ⅳ.①F713.361.3

中国版本图书馆 CIP 数据核字（2020）第 087126 号

与领导干部谈区块链

策划统筹　任丽娜
责任编辑　任丽娜　桑月月　牛琴琴
版式设计　苏彩红
责任印制　陈梦楠
责任校对　李素英
出版发行　中共中央党校出版社
地　　址　北京市海淀区长春桥路 6 号
电　　话　（010）68922815（总编室）　（010）68922233（发行部）
传　　真　（010）68922814
经　　销　全国新华书店
印　　刷　廊坊市佳艺印务有限公司
开　　本　700 毫米×1000 毫米　1/16
字　　数　180 千字
印　　张　16.75
版　　次　2020 年 6 月第 1 版　2020 年 6 月第 1 次印刷
定　　价　68.00 元

网　　址：www.dxcbs.net　**邮　　箱：**zydxcbs2018@163.com
微 信 ID：中共中央党校出版社　**新浪微博：**@党校出版社

《与领导干部谈黑科技》系列丛书

编委会

序言

自2008年化名为“中本聪”的技术极客推出比特币以来，区块链形成一波又一波技术浪潮，冲击着金融界和众多产业，区块链在新一轮科技革命与产业变革中日益显示其重要性。中共中央政治局2019年10月24日就区块链技术发展现状和趋势进行第十八次集体学习，习近平总书记在主持学习时强调，区块链技术的集成应用在新的技术革新和产业变革中起着重要作用。我们要把区块链作为核心技术自主创新的重要突破口，明确主攻方向，加大投入力度，着力攻克一批关键核心技术，加快推动区块链技术和产业创新发展。

习近平总书记指出，区块链技术应用已延伸到数字金融、物联网、智能制造、供应链管理、数字资产交易等多个领域。目前，全球主要国家都在加快布局区块链技术发展。我国在区块链领域拥有良好基础，要加快推动区块链技术和产业创新发展，积极推进区块链和经济社会融合发展。

在突如其来的新型冠状病毒肺炎疫情冲击之下，2020年世界经济严重衰退，产业链供应链循环受阻，国际贸易投资萎缩，大宗商品市场动荡，我国面临更加复杂的内外部政治经济环境。在后疫情时代，疫情防控将常态化，经济社会呈现有别于疫情前的若干特征，如数字化、智能化、线上化、无接触等，区块链、5G、人工智能等信息技术将在加快推动社会经济复苏、产业升级、科技创新上发挥重要作用。

2020 年 4 月 20 日，国家发改委召开例行新闻发布会，首次明确“新基建”范围，区块链技术被首次正式提及。2020 年 5 月 22 日的《政府工作报告》也明确指出要重点支持“两新一重”，加强新型基础设施建设，发展新一代信息网络。2020 年 5 月 25 日，在十三届全国人大三次会议上，最高人民法院院长周强作 2020 年最高人民法院工作报告时提到，要推动大数据、区块链等技术深度应用，建成全国司法区块链平台，为法官办案、群众诉讼提供智能辅助。可见，区块链已逐渐成为我国政府治理的关注焦点，我国的区块链技术已经从概念进入到落地应用阶段，越来越多的领域出现了探索区块链技术的应用案例。

“新基建”有关计划与政策将区块链技术纳入其中，为我国的区块链技术及其应用提供了新的发展契机。我们相信，2020 年作为区块链政策落地大年，为我国的区块链产业未来发展奠定基调：脱虚向实，服务实体经济，切实解决某一领域的具体问题。在挑战与机遇并存的后疫情时代，区块链蕴含着巨大的变革潜力，有望成为数字经济信息基础设施的重要组件，并将改变诸多行业的生态格局和发展图景。

诚然，区块链技术的发展也将带来一系列新的风险和挑战，考验着国家治理能力与监管水平。习近平总书记强调，要抓住区块链技术融合、功能拓展、产业细分的契机，发挥区块链在促进数据共享、优化业务流程、降低运营成本、提升协同效率、建设可信体系等方面的作用。因此，在发展区块链技术应用和产业发展的同时，我们要大力加强区块链的安全保障和依法治理，推进“区块链+”监管体系建设，通过技术赋能协同推进国家治理能力现代化，促进科技创新与社会治理的深度融合。

习近平总书记指出：相关部门及其负责领导同志要注意区块链技术发展现状和趋势，提高运用和管理区块链技术能力，使区块链技术在建设网络强国、发展数字经济、助力经济社会发展等方面发挥更大作用。希望本书的出版，有助于该目标的实现。

目录

CONTENTS

第一章

区块链兴起的全球背景与我国应用

一、区块链兴起的时代背景

纵观人类近代发展史的历程，科技生产力与政治经济体系的发展，是推动全球化进程的两个主因。一方面，每一次科技生产力与政治经济结构的变革，都会掀起新一波全球化浪潮。另一方面，在每一次曲折向前的全球化进程，都存在着冲突与平衡的重新形成。从整个历史周期来看，全球化进程呈阶段性上升，充满曲折但从未停止。随着科学技术在生产力提升过程中扮演的角色越来越重要，每一次逆全球化的冲击逐渐减弱，其呈现方式从全球战争到区域重构，缓和为金融震荡。尽管当前的全球化进程面临着许多阻力，我们需要更加清楚地意识到人类已然处于第四次工业革命的边缘。这场革命将模糊物理、数字和生物世界的边界，势必将再次变革世界生产与协作的方式。

在全球化 3.0 的进程中，最值得关注的发展之一是由信息技术主导的全球化供应链网络的建立。全球劳动力市场的隔阂被打破，各区域间劳动力成本趋平。一方面，这波浪潮给发展中国家的劳动力带来了收入的快速增长和阶级流动性。另一方面，发达国家的中产阶级生活水平停滞不前，一些人更面临失业。然而，在全球化的进程中，发达国家的精英阶层与资本所有者通过资本的全球化配置继续快速实现财富积累。这些问题导致了发达国家中的社会情绪消极

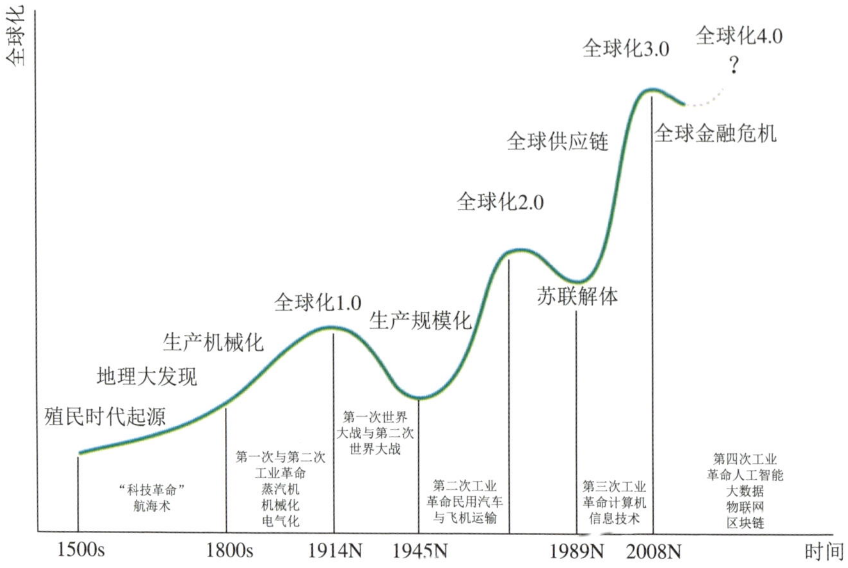

图 1—1　全球化进程发展

和冲突的加剧，为诸如英国脱欧与中美贸易战等重大国际事件埋下伏笔。这些事件似乎都在传递着一个信号：逆全球化风潮已经到来。在目前充满不确定性的国际局势下，我们更应该将其视作一次机遇。科技的不断成熟已经帮助我们减弱每一次逆全球化所带来的冲击，并且正在创建一个新的全球范式。随着人工智能、5G、物联网和区块链等技术快速成熟，这场数字革命将通过重塑生产力与政治经济结构，将世界格局推向下一个平衡点。可以说，在当今社会建立以信任为基石的合作机制，比以往任何时候都重要。而区块链作为一种分布式、透明、自主的价值交换系统，必将成为未来社会的基石。

在正在到来的第四次工业革命中，突破性技术热点更是层出不穷：人工智能、生命科学、物联网、机器人、新能源、新材料、3D打印等，每项技术都具有翻江倒海的能力，足以对现有的产业产生颠覆性影响。而区块链是第四次工业革命的关键。区块链技术是分布式数据存储、点对点传输、共识机制、加密算法等计算机技术的新兴应用模式，曾经因为比特币的疯狂炒作而名声大噪。作为一种信息技术，区块链的本质就是共享数据库，具有开放性、去中心化、分布式存储和不可更改、不可删除等特征，这些特征使相关数据和信息实现了全程留痕、可以追溯、公开透明、不可伪造等功能，也正是因为这些功能，让区块链技术自带“信任”的标签，具有广阔的应用前景。

2008 年 11 月 1 日，比特币的开发者兼创始人“中本聪”在密码朋克组织发表了比特币白皮书《比特币：一种点对点的电子现金系统》。值得一提的是，2008 年爆发的美国金融危机，刺痛了人们对主流金融的不信任神经，也导致了人们对于金融公司以及理应监管它们的政府机构失去了信心。在此社会背景下，“中本聪”致力于研发一套应用于货币领域基于密码学原理的去中心化的点对点的交易系统。

比特币的诞生基于区块链技术，而区块链起源于货币。起初人们用贝壳、金银等稀有的物品来进行价值交换，接着出现了金属货币，由于这些物品不易携带与传输，制作成本高，纸币应运而生，凭借国家的信用背书，人们相信了纸币的价值，由于纸币需要制作成本，不方便运输，银行推出了电子货币，电子货币虽然方便、通用、增加社会效益，但是本质上还是依赖于国家的信用背书，这些法币的构建基础是国家机器。从社会成本的角度来看，执法所需的费用，军队的日常开支，都是法币的社会成本，进一步说，维系法币的可持续发展所需的技术、人力、监管、设备以及审计等方面的投入，也都是法币的社会成本。

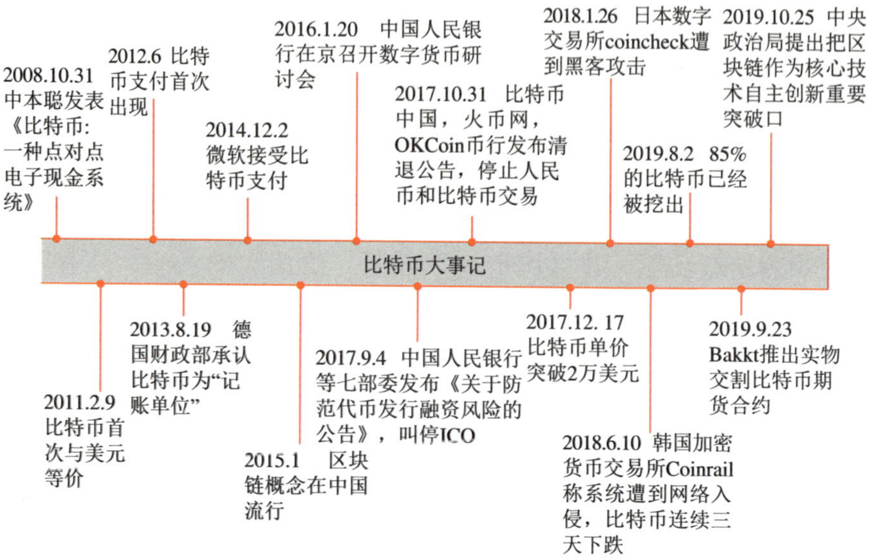

图 1—2 比特币大事记

二、全球区块链的发展态势

1. 各国政府的政策态度：从比特币到区块链

在区块链1.0时代，区块链最初被认为是游走在法律边缘的比特币，而比特币去中心化的特点注定它不能被某一个国家或者团体所掌控，这对于某些本国货币强势的国家来说是不被接受的，因为世界上最赚钱的事情就是印刷货币，经济强国可以通过印刷货币获得大量的财富，并且这是一个可以控制、牢牢掌握在自己手里的金融工具，所有外交、军事、对外发展等活动都可以在某些情况下印证国家对于本国货币地位提升的重要性。比特币的出现会让这些经济强国出现危机：比特币可以被世界上任何一个人“印刷出来”，经济强国最可控的“生意”——印刷货币，就受到了挑战。未来如果比特币成为世界主流货币，那么世界的货币体系将会发生改变，经济强国再也无法倚仗自己的印钞机掠夺财富，由此会导致权威地位的下降，这对某些国家来说是不可接受的。

而对于其他较为落后的国家，比特币的出现也许是一个弯道超车的机会。在没有出现较大的世界性危机之前，落后的国家很难在现有的货币体系中为自己获得更多的利益。不确定性在某一方面同时也意味着机会，每一次经济体系的改革都会重新诞生一批强国，而比特币的出现则让它们看到了希望。因而，在比特币诞生初期，各国政府对其态度各不相同。

（1）美国：美国财政部下属的金融犯罪执法网络出台了一份针对比特币等虚拟货币业务的指导性文件——《金融犯罪执法网络法规在个人管理、交换和使用虚拟货币中的应用》。该文件认为，比特币是一种典型的虚拟货币，不具备实际货币的全部属性和法定货币地位。2014 年初，美国联邦税务局发布通告称比特币及其他虚拟货币属于财产而不是货币，比特币的“挖矿”、买卖和使用行为均应适用相关税务规则，进行纳税申报

（2）中国：中国人民银行联合相关部委下发的《关于防范比特币风险的通知》认为，比特币不是由国家发行的，不具有法偿性与强制性等货币属性，并不是真正意义上的货币，不能且不应作为货币在市场上流通使用。

（3）韩国：拒绝承认比特币的货币地位，比特币不是真正的投资，不会对比特币征收资本所得税，因为这将会增加虚拟货币的合法性。

（4）荷兰：发布声明警告比特币风险，质疑比特币存储无法保障，不是由政府和央行发行，导致比特币价格波动剧烈。

（5）德国：2013 年 8 月，德国承认比特币的合法地位，已经纳入国家的监管体系。德国也成为世界首个承认比特币合法地位的国家。德国政府表示，比特币可以当作私人货币和货币单位，比特币个人使用一年内免税，但是进行商业用途要征税。德国金融监管局认为比特币是用来交换真实经济品或服务在物物交换俱乐部（barter-club）、私人集市或其他支付系统流通的价值代币。因此，比特币

在德国实际上被定义为一种商品。这类似于最近一些政府决定把比特币捐赠当作实物捐赠（如捐赠食品和物资）的做法。目前，德国的比特币政策相对明朗，德国本土的比特币交易平台 bitcoin. de 也已经与 Fidor 银行展开合作。

（6）加拿大：承认比特币的“货币地位”。2013 年 12 月世界首个比特币 ATM 机已经在温哥华投入使用，这台机器安放在一个咖啡厅里。目前，这台机器上的交易额已经取得很好的成绩。很多美国本土的比特币创业者，由于国内不同州的法律监管问题，选择搬迁到加拿大创业。

（7）法国：认为比特币交易并不违法。法国金融情报机构（TRACFIN，一个反洗钱机构）公布了 2011 年度报告，描述了各种形式的虚拟货币洗钱以及位于全球众多金融避难港的不法公司。例如，银行业人士利用没有法定价值的虚拟货币进行非法活动。尽管报告的焦点是反洗钱，但报告内容中所透露出来的对比特币的使用案例等于在事实上承认了比特币使用的完全合法性，即利用比特币避开欧元区和使用美元的非欧元区的外汇兑换和转账的相关费用。对于比特币价格的波动，法国政府则警告用户谨慎投资比特币。

（8）泰国：泰国外汇管理和政策部的高官表示，由于缺乏适用的法律和资本管制措施，加之比特币跨越多种金融业务，因此下述比特币活动在泰国都被视为非法：买卖比特币、用比特币买卖任何商品或服务、与泰国境外的任何人存在比特币的往来。泰国比特币创业公司 Bitcoin Co 表示，由于泰国央行封杀了比特币，因此该公司将停止所有业务。泰国成为全球范围内封杀比特币的首个国家。

（9）印度：将继续关注比特币的发展，目前不会进行监管。相关机构表示，虚拟货币给监管、法律以及运营风险带来了挑战。

（10）以色列：目前尚未承认比特币为官方货币，但是政府正在考虑对比特币的盈利征税。以色列的比特币社区也相对活跃。

在后比特币的区块链 2.0 时代，各国态度有所转变，开始逐步接受区块链。

（1）俄罗斯：俄罗斯对比特币和区块链技术的立场堪称反差巨大，很值得研究。尽管俄罗斯一向不看好比特币，对比特币所用的区块链技术却充满热情。俄罗斯中央银行组建了分析、评估、应用新兴金融科技可能性的工作小组，旨在分析金融市场中的先进技术和创新技术，几大首要研究对象包括区块链技术、移动技术、支付技术等领域。俄罗斯一向对比特币采取强硬态度，但与财政部曾起草法案禁止使用包括比特币在内的各类货币替代品相较而言，情况已经有所改变。2016 年初，在财政机构和企业的几次会议之后，俄罗斯央行很可能会开始考虑合法化比特币和监管比特币交易，尤其是 P2P 交易及个人业务托管。俄罗斯境内现共有 20 万名加密货币用户，居全球第五位，因此如果上述提案通过并开始实施，虚拟货币在俄罗斯的发展将会更进一步。

（2）日本：日本金融监管人员考虑将比特币等虚拟货币视为与现金等价的货币，此举将强化消费者保护机制，铺设一条虚拟经济增长的发展道路。在日本，比特币现在仍被视为物品，无法受到与其他同类产品相同的待遇。据日经新闻（Nikkei）报道，日本金融厅（FSA）正在考虑修订法案，将比特币等虚拟货币合法化，使电子币“实现货币功能”。此举将使一些虚拟货币交易企业受到管制，虚拟货币将以更加安全的模式推广。

（3）澳大利亚：澳大利亚证券交易所（ASX）早已与加密货币公司 Digital Asset Holdings 建立了合作关系，将利用区块链技术为澳大利亚证券市场研发解决方案。2016 年 2 月，位于墨尔本的比特币挖掘企业 Bitcoin Group 在澳大利亚股票交易所上市，完成首次公开募股，集资 420 万美元。这是首例比特币挖掘企业公开募股。区块链也应用于政治中。一个新政党 Flux 正在试图利用区块链技术改写政治通货制度。Flux 运用区块链技术推出现代投票系统，使投票透明化、记录不可更改化、在线投票便利化。2016 年 1 月，Flux 向澳大利亚选举委员会提交了申请报告，计划通过这一系统选出六名议员。Flux 给自己的定位是重新分配政权的开路者。一旦有 Flux 内的候选人当选，Flux 即成为选民可直接影响议会的门户。截至目前，Flux 网站共有 1238 名注册用户。

（4）韩国：韩国证券期货交易所（KRX）运用区块链技术，已经启动建立场外交易平台的初期计划。这一新平台将把场外交易市场（OTC）的买家和卖家聚集到一起，在此寻找交易伙伴，降低参与成本，从而促进交易的进行。

（5）迪拜：为推进创新发展，在全球范围内采用新技术，迪拜未来博物馆基金会近日宣布建立全球区块链委员会。迪拜未来博物馆基金会 CEO Al Aleeli（阿尔·艾莉）表示，“2015 年通过区块链平台实现的交易增长了 56%，这一显著增长意味着在相关领域优化运用这项技术的巨大机遇”。她还表示，在 4 年内，区块链全球投资额可达3000亿美元。全球区块链委员会将继续探索运用区块链技术的最佳方式，同时研究其优缺点，推进区块链和数字货币的发展。

（6）欧洲议会：发布虚拟货币报告，欧洲议会新起草的一项虚拟货币报告强调，虚拟货币与区块链技术可大幅降低交易中支付、资金转移等成本，对消费者福利和经济发展作出重要贡献；同时提高支付系统的速度和弹性，可跟踪记录交易，以防不法行为。这份报告提出组建由委员会领导的分类账簿技术特别工作组，以此激励重要的技术专家和监管专业人员支持相关行动者（包括欧盟和成员国），确保对新的机遇和挑战作出及时的、通晓各方的回应。同时，欧洲中央银行对新技术持开放态度，表示欧洲央行计划对区块链和分类账簿技术与支付、证券托管以及抵押等银行业务的相关性进行评估。

总的来说，在政策方面，各国政府对区块链发展持不同态度。区块链产业在各国发展阶段和发展特色各有不同，鼓励技术与政策监管各有侧重。多数国家重视区块链技术在实体经济中的应用，少数国家对区块链及加密货币持“积极拥抱”的态度，部分国家对加密货币明确了监管政策。澳大利亚、韩国、德国、荷兰、塞浦路斯、阿联酋、马耳他等国积极发展区块链产业，制定了产业总体发展战略；美国、中国、韩国、英国、澳大利亚及欧盟重视区块链技术研究与应用探索；与此同时，中国及澳大利亚、法国、瑞士、芬兰、列支敦士登等国家已经陆续制定了区块链监管方面的法规。2019年9月18日，德国政府审议通过并发布区块链战略。德国政府的区块链战略明确了五大领域的行动措施，包括在金融领域确保稳定并刺激创新、支持技术创新项目与应用实验、制定清晰可靠的投资框架、加强数字行政服务领域的技术应用、传播普及区块链相关信息与知识。

2. 全球区块链支出规模增长强劲

全球区块链支出规模增长，美国规模全球第一。根据 IDC 最新发布的《全球半年度区块链支出指南》：2019 年全球区块链的支出将达到近 29 亿美元，同比 2018 年的 15 亿美元支出，预计增长 88.7%。其中美国仍是全球区块链投资最大的区域，占全球支出的比重为 39.7%。其次是西欧、中国、亚太（不含中国和日本）和中东欧，分别占比 24.4%、11.2%、8.1% 和 5.2%。

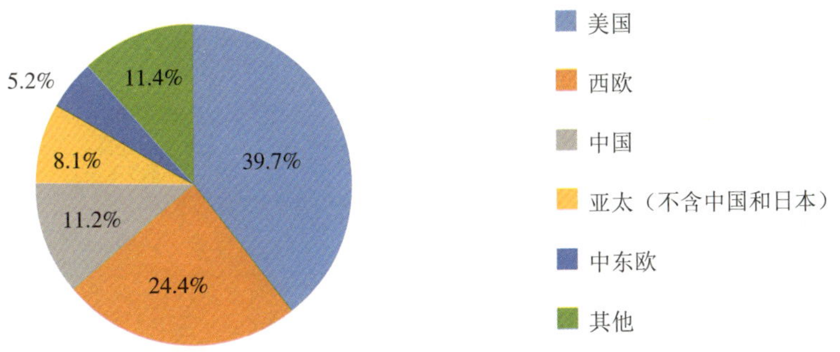

图 1—3 全球区块链支出分布

中国作为区块链新兴市场，预计 2023 年市场支出规模将达到 20 亿美元。根据 IDC 统计：2018 年我国区块链总支出为 1.6 亿美元。2019 年，随着习近平总书记在中央政治局第十八次集体学习时强调“把区块链作为核心技术自主创新重要突破口，加快推动区块链技术和产业创新发展”以来，中国区块链市场将迎来新的机遇。预计

2019 年将达到 2.93 亿美元，并且未来四年将持续增长，到 2023 年有望突破 20 亿美元。

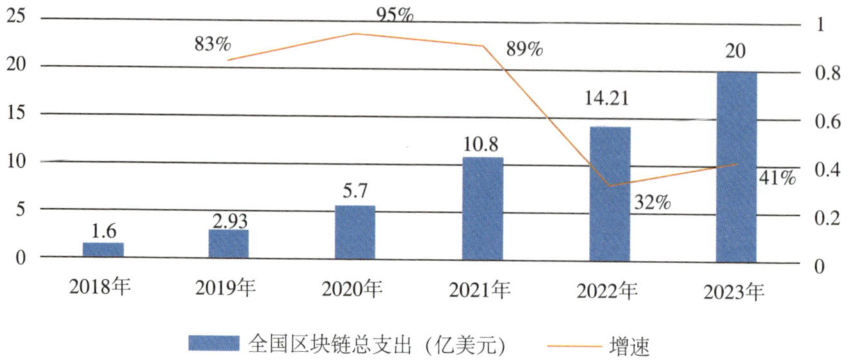

图 1—4　2018—2023 年中国区块链支出规模及预测

近几年各行业的区块链投入逐渐分散，但银行业投入始终居首位；其次是离散制造业、零售业、专业服务业和流程制造行业，前五大行业区块链支出占全部支出的比重达到 73.0%。

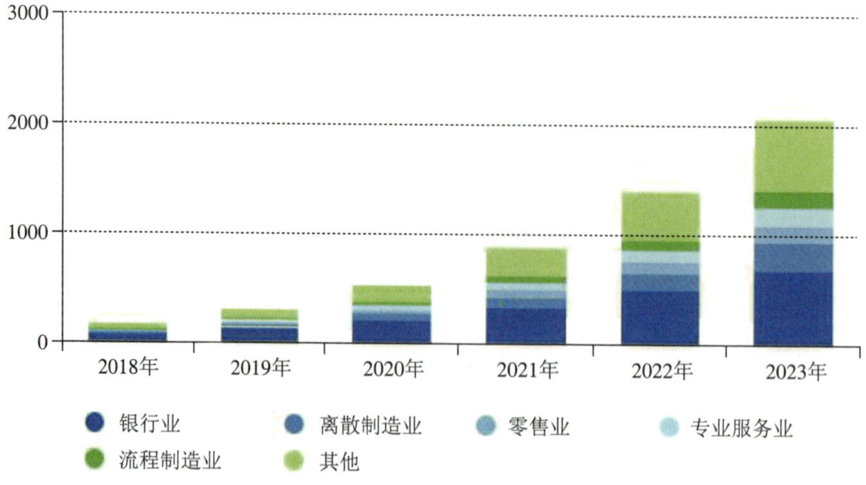

图 1—5　全球区块链支出行业分布及预测

3. 全球区块链投融资趋于理性

投融资层面，区块链产业投融资交易热度下降，2019 年市场明显趋于理性。根据 CB insights 数据：2019 年全球区块链投融资笔数为 806 笔，相较 2018 年的 822 笔变化不大；投融资规模有明显的下降，2019 年全球投融资规模约 30.7 亿美元，较 2018 年的 42.6 亿美元相比下降 27.9%。

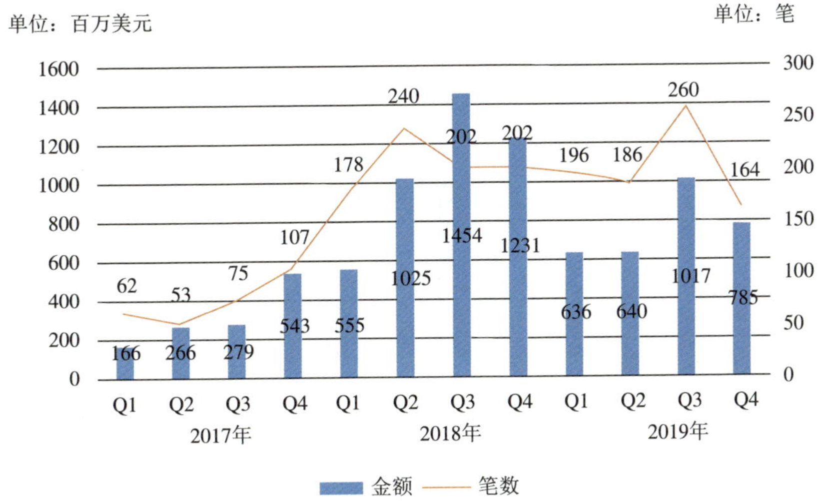

图 1—6 全球区块链投融资金额及数量

2009 年初至 2019 年 8 月，全球区块链产业累计投融资金额达到 103.69 亿美元，其中 2017 年、2018 年是区块链产业投融资最活跃的时期。进入 2019 年，整个互联网投融资市场活跃度低位运行，2019 年 Q2 中国市场互联网投融资总金额 81.3 亿美元，环比上涨 3.8%，但同比跌幅达 70.8%，资本环境趋紧态势明显，区块链投融资交易热度也有所下降。截至 2019 年 8 月底，2019 年区块链投融资交易规模仅为 20.28 亿美元。不考虑战略投资，2019 年，全球区块链领域融资主要集中于A轮及A轮以前，种子/天使轮和A轮融资数量占比超45%。其中，种子/天使轮融资数量最多，占全部融资数量的29%，其次为A轮，占比为17.3%；B轮和C轮以后融资分别为17笔和13笔，合计占比不超过6%。从公开披露的融资金额看，除战略投资外，A轮融资所获融资金额最高，其次为C轮以后融资，种子/天使轮虽融资数量最多，但由于单笔融资金额较低，融资总额

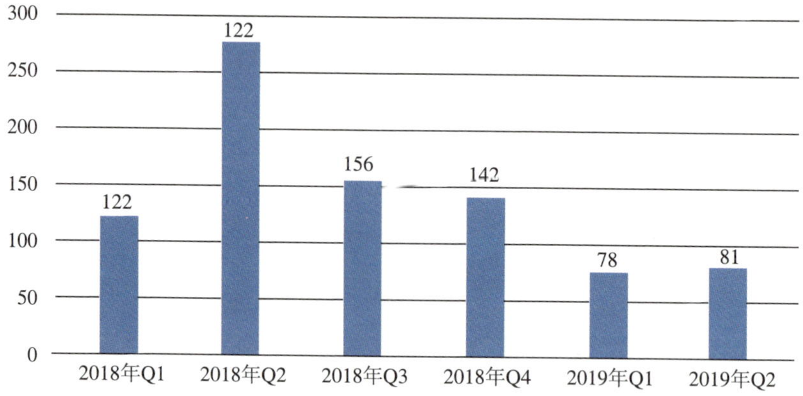

图1—7　2018—2019年国内互联网投融资金额（截至2019年9月）

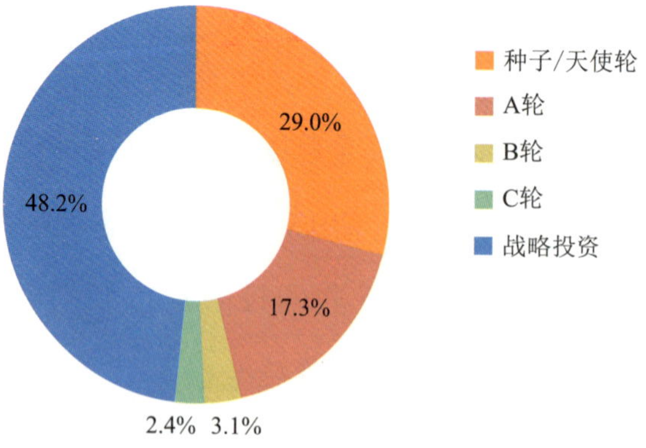

图1—8　2019年全球区块链融资轮次分布（按融资数量分类）

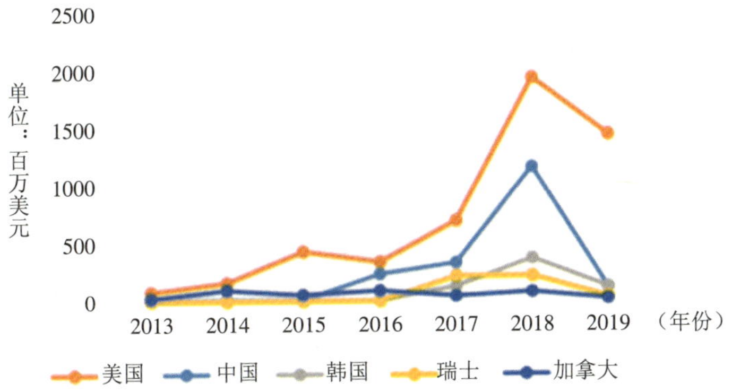

图 1—9　美、中、韩、瑞、加五国近年区块链融资金额对比

（截至 2019 年 9 月）

较低，占所有融资金额的 11.8%。美国、中国、韩国、瑞士、加拿大是全球区块链产业投融资金额最多的 5 个国家。其中，仅美国占比达到 49%。从五国近年投融资发展变化来看，美国区块链产业在 2015 年、2018 年出现投融资两次高峰，我国区块链产业 2016 年起进入快速发展期，而韩国自 2017 年起加速，2018 年投融资额位居全球第三位。

产业规模层面，全球新增区块链企业数量出现减缓迹象。在经历了 2014 年和 2017 年的新成立区块链企业数量高峰后，2018 年起新成立企业数量开始下降。截至 2019 年 8 月，全球共有 2450 家区块链企业，新成立区块链企业数量锐减。行业应用方面，当前全球区块链企业的 38% 集中在加密货币领域，23% 的企业专注于区块链技术研发，互联网、金融业是应用最多的两个领域。美国、中国、英国区块链企业数量分列前三位；加拿大、新加坡、瑞士等国由于相对宽松的产业监管环境，区块链企业数量也较多。城市分布方面，

图 1—10　全球区块链企业增长趋势（截至 2019 年 9 月）

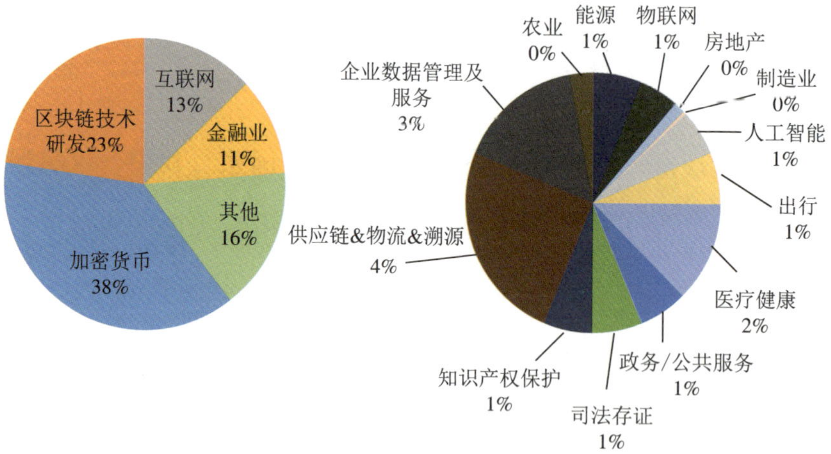

图 1—11　全球区块链企业分类（截至 2019 年 9 月）

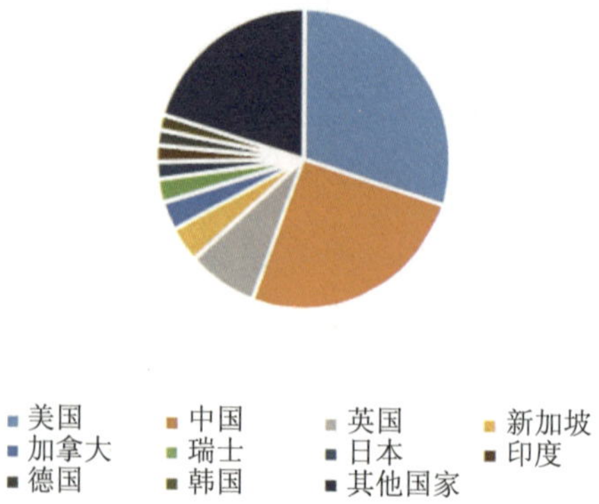

图 1—12　全球区块链企业前 10 国家（截至 2019 年 9 月）

旧金山、北京、伦敦是拥有区块链企业最多的三个城市；同时，我国深圳、上海、杭州排名也较为靠前。

4. 技术创新活跃，产业生态初现

随着区块链技术蓬勃发展，区块链技术应用已延伸到数字金融、物联网、智能制造、供应链管理、数字资产交易等多个领域。为获得技术和市场上有利的竞争地位，全球专利申请数逐年攀升。根据佰腾网数据库显示，截至2019年底，全球公开的与“区块链”“智能合约”“分布式账本”“Blockchain”“Smart Contract”“Distributed Ledger”相关的专利申请已达到22293件，较2018年底增长了45%。从历年数据可以看出，专利申请由2013年底开始呈现加速增长趋势，至2019年底，年复合增长率达到98%。

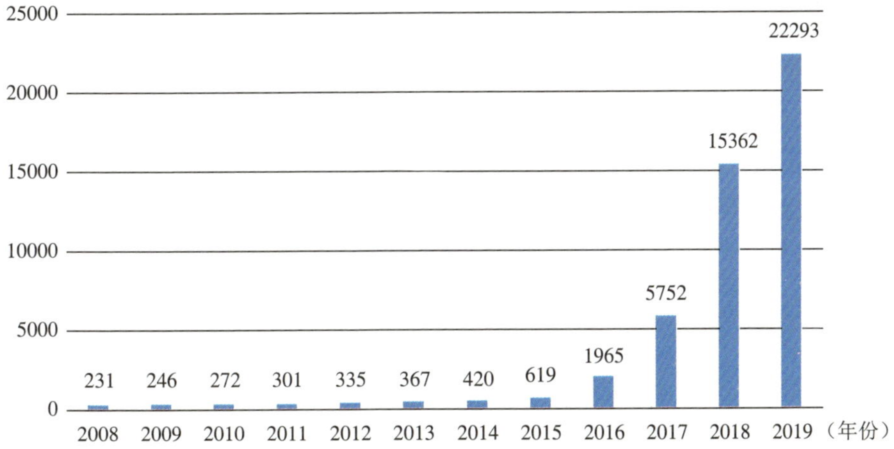

图1—13　全球区块链专利申请趋势图

从专利分布来看，中国的区块链专利布局世界领先。佰腾网数据显示：截至2019年底，全球现有区块链专利分布上，中国仍保持快速增长趋势，占比达到63%，遥遥领先于其他国家和地区，是美国申请专利的三倍之多，排在第二位的美国专利占比为 18%。

另外，全球区块链专利申请机构 Top20 中，阿里、联通等申请量分别以第一、第五位跻身全球前列。然而专利授权方面，虽然我国当前区块链专利申请量位居第一，但大多处于审查阶段，授权专利多为实用新型、边缘性的专利。截至 2018 年底，全球有 771 件区块链发明专利获得授权，中国仅有 53 件，但在 2019 年，我国企业区块链相关专利申请量增长明显，入榜前 100 名全球企业中，我国占比 63%。以银行业为例，截至 2020 年 2 月，我国银行业共有 204 项区块链相关专利公示，其中 2019 年公示 124 项，比 2018 年增加 2 倍，微众银行、中国工商银行和中国银行排在前三位。

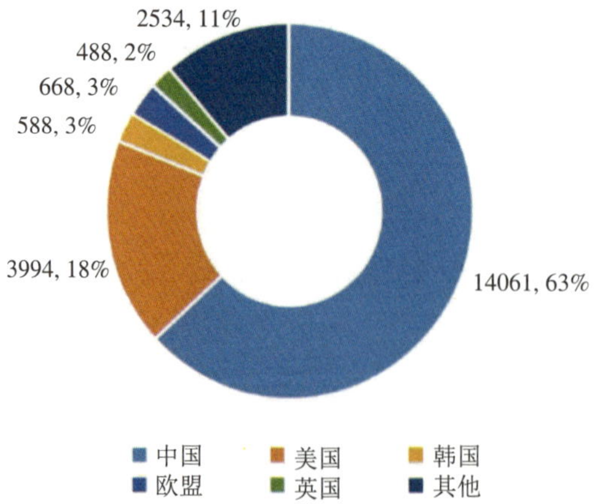

图 1—14　全球区块链专利分布

从专利申请方向看，根据科睿唯安基于 Derwent Innovation 中的 Themescape 专利地图文本聚类分析，区块链专利布局的热门领域包括应用领域如。数字货币、支付、身份认证、交易、智能合约、信用贷款等，以及技术领域如加密安全如公钥私钥、学习模型、哈希算法、网络技术等。

开源方面，越来越多的国外公司开始加入区块链源代码的开发和贡献中。据 GitHub 平台显示，从 2010 年至 2018 年逐步形成了围绕比特币（Bitcoin）、以太坊（Ethereum）、超级账本（Hyperledger）、瑞波（Ripple）等多个核心开源平台的公司及个人合作开发生态，同时国际上多个区块链行业联盟也应运而生，例如 R3 区块链联盟（Corda）、Linux 基金会的超级账本 Hyperledger 区块链联盟、企业级以太坊联盟（EEA）等。其中，开源代码的贡献方面，美国引领了跨链互操作、多方可信计算、预言机、数字身份、隐私保护、智能合约语言等领域的技术走向。中国也出现了百度的超级链、京东的 JDChain、微众银行的 FISCOBCOS 等自主技术平台，但是并未形成国际影响力，国内尚未形成良好的开发生态。

行业组织方面，企业积极参与合力推动技术和应用。经中国信通区块链白皮书（2019 年）16 院统计梳理，美国、中国、欧盟、日本等国家或地区已成立 14 个区块链联盟/行业协会，一类为专注于技术推进的行业组织，如 R3、Hyper Ledger、Enterprise Ethereum Alliance 等；另一类为关注行业应用的行业组织，如区块链运输联盟、金链盟、版权区块链联盟可信区块链推进计划等。其中，成员数量最多的分别是 R3Corda、区块链运输联盟、可信区块链推进计划。不同行业组织之间拥有较多数量的“公共成员”，说明各个组织间可能存在着合作、竞争、互补等方面的关系，吸引着成员企业同时参加。

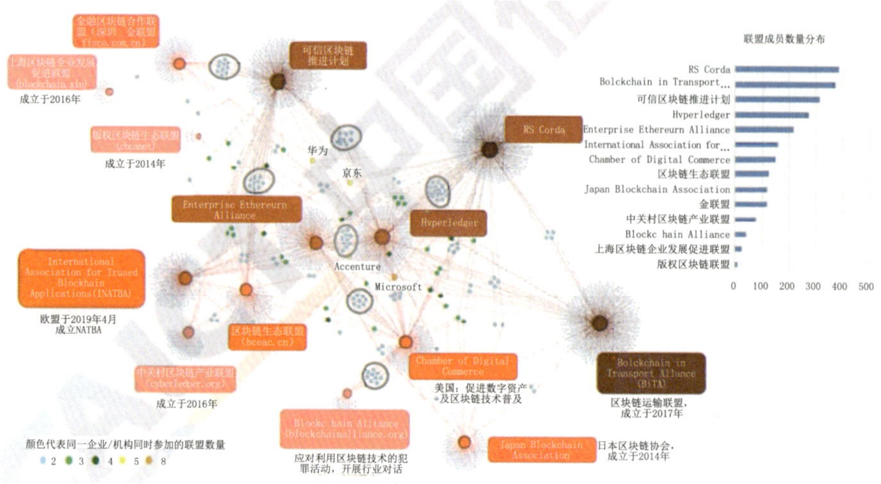

图 1—15 全球区块链典型行业组织节点图

5. 全球区块链应用落地步伐加快

应用落地方面，区块链源于加密数字货币，正向多领域延伸。2019 年以来，区块链在各领域应用落地的步伐不断加快，正在贸易金融、供应链、社会公共服务、选举、司法存证、税务、物流、医疗健康、农业、能源等多个垂直行业探索应用。截至 2019 年 8 月，由全球各国政府推动的区块链项目数量达 154 项，主要涉及金融业、政府档案、数字资产管理、投票、政府采购、土地认证/不动产登记、医疗健康等领域。其中，荷兰、韩国、美国、英国、澳大利亚等国的政府推动项目数排名前五位，在探索区块链技术研发与应用落地方面表现更加积极主动。2019 年 6 月 18 日，脸书（Facebook）牵头发布全球数字加密货币项目天秤座（Libra）的白皮书，天秤座（Libra）将作为一种简单、无国界的货币和为数十亿人服务的金融基础设施，为数十亿人提供无国界、低成本、普惠的金融服务。天秤座项目一经宣布就受到了全球各界的关注与讨论，各国监管部门先后发声，显示出区块链技术在重塑全球金融基础设施方面的巨大潜力。

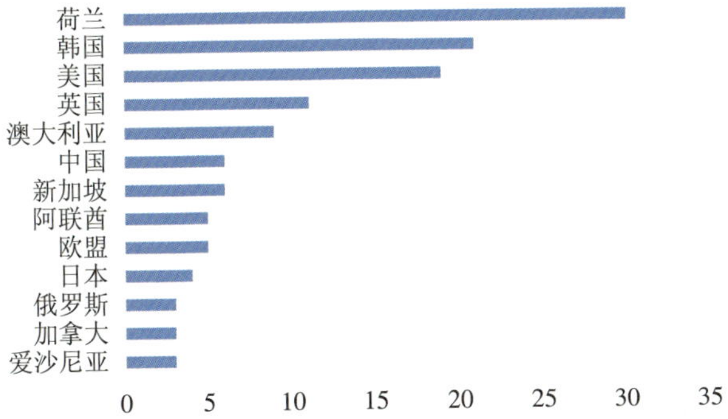

图 1—16 各国政府部门推动区块链项目数量（截至 2019 年 4 月）

三、我国区块链政策及应用现状

1. 政策红利频出，引导区块链规范成长

（1）我国区块链政策出台背景。

2013 年下半年，比特币市场快速升温，价格快速上涨。截至 2013 年 12 月，比特币单价达到 1147 美元，掀起了第一轮虚拟货币投资热潮，受到社会广泛关注。虚拟货币可能带来的金融风险引起了各国政府高度重视。中国政府从 2013 年开始出台虚拟货币监管政策，比如，2013 年 12 月，中国人民银行、工业和信息化部、中国银行业监督管理委员会等发布的《关于防范比特币风险的通知》表示，要加强比特币互联网站的管理，防范比特币可能产生的洗钱风险等。各大媒体争相报道，引起社会广泛关注。

同时，区块链的技术逻辑和底层价值逐渐被国人了解。2016 年 10 月，工业和信息化部发布《中国区块链技术和应用发展白皮书（2016）》。白皮书总结了国内外区块链发展现状和典型应用场景，介绍了中国区块链技术发展路线图以及未来区块链技术标准化方向和进程。2016 年 12 月，国务院印发《“十三五”国家信息化规划》，首次将区块链技术列入国家级信息化规划内容。

根据《中国区块链技术和应用发展白皮书（2016）》的定义，区块链（Blockchain）是分布式数据存储、点对点传输、共识机制、

加密算法等计算机技术的新型应用模式。通俗理解，区块链是一种按照时间顺序将数据区块以顺序项链的方式组合成的一种链式数据结构，并以密码学方式保证的不可篡改和不可伪造的分布式账本。

（2）区块链监管政策的规范。

随着比特币、以太坊、莱特币等加密货币价格的上涨，以及大量资本入场，区块链从业者及应用项目迅速增多。伴随而来的，不同于传统融资方式的代币公开发行（ICO）项目受到部分人追捧。

据普华永道咨询公司和瑞士加密谷协会发布的一份联合报告显示，在2018年前5个月，全球ICO的规模就已经是2017年全年的两倍，ICO数量达到历史新高。根据这份报告，截至2018年5月，注册发行ICO的企业共537家，总共筹集资金超过137亿美元。

区块链代币公开发行（ICO）项目规模爆发，给市场带来新的风险。一些项目方采用各类误导性宣传手段，以ICO名义从事融资活动。相关金融活动未取得任何许可，其中的风险有涉嫌诈骗、非法证券、非法集资等。在此背景下，中国除了继续积极支持区块链技术的应用与创新之外，对加密货币和各种代币的监管逐渐加强。

在支持区块链技术发展方面，2017年1月，国务院办公厅发布的《关于创新管理优化服务培育壮大经济发展新动能加快新旧动能接续转换的意见》提出：在人工智能、区块链、能源互联网、大数据应用等交叉融合领域构建若干产业创新中心和创新网络。

监管层面，2017年9月，央行、网信办、工信部、工商总局、银监会、证监会、保监会七部委发布了《关于防范代币发行融资风险的公告》，指出：比特币、以太币等所谓虚拟货币，本质上是一种未经批准非法公开融资的行为，要求即日停止各类代币发行融资活动，已完成代币发行融资的组织和个人应当做出清退等安排。

2018 年 1 月 22 日，央行支付结算处下发《关于开展为非法虚拟货币交易提供支付服务自查整改工作的通知》，要求各单位及分支机构开展自查整改工作，严禁为虚拟货币交易提供服务，并采取措施防止支付通道用于虚拟货币交易；同时，加强日常交易监测，对于发现的虚拟货币交易，及时关闭有关交易主体的支付通道，并妥善处理待结算资金。

2018 年 1 月 23 日，中国互联网金融协会发布《关于防范境外 ICO 与“虚拟货币”交易风险的提示》，警惕投资者尤其要防范境外 ICO 机构由于缺乏规范，存在系统安全、市场操纵和洗钱等风险，同时也指出，为“虚拟货币”交易提供支付等服务的行为均面临政策风险，投资者应主动强化风险意识，保持理性。

2018 年 8 月，中央网信办、公安部、人民银行、市场监管总局、银保监会等发布的《关于防范以“虚拟货币”“区块链”名义进行非法集资的风险提示》文件指出，一些不法分子打着“金融创新”“区块链”的旗号，通过发行所谓“虚拟货币”“虚拟资产”“数字资产”等方式吸收资金，侵害公众合法权益。此类活动并非真正基于区块链技术，而是炒作区块链概念行非法集资、传销、诈骗之实。

2019 年 1 月，国家互联网信息办公室发布《区块链信息服务管理规定》，为区块链信息服务的提供、使用、管理等提供有效的法律依据；对于区块链信息提供者（项目方）开发上线新产品、新应用、新功能的，应当按有关规定报国家和省、自治区、直辖市互联网信息办公室进行安全评估。旧有区块链应用项目，首先要按照新规规定在省级网信办进行备案。

随着区块链市场监管政策的成熟和完备，以及区块链技术的进一步提升，行业监管制度体系建设进一步完善，为产业区块链项目深入服务实体经济提供有力保障，一些违法违规的项目则会受到严格监管，市场渐趋规范，产业发展环境得以优化。

（3）各省出台相关政策加速行业发展。

据人民创投区块链研究院统计，截至 2019 年 2 月底，国内有北京、上海、广州、重庆、深圳、江苏、浙江、贵州、山东、江西、广西等多地发布区块链政策指导信息，这些指导政策以鼓励和扶持偏多，很多地区对区块链技术发展高度重视，并重点扶持区块链应用，以带动地方区块链相关产业发展。中央和地方级政府的重视，为区块链技术和产业发展营造了良好的政策环境。

在各地利好政策的影响下，中国区块链行业获得了良好的发展契机，行业在 2017 年后迎来一场创新创业的热潮，一些区域（如北京、上海、重庆、青岛、杭州等）和企业（如百度、阿里巴巴、腾讯、京东、迅雷等）开始开展对区块链产业链布局。

据不完全统计，北京、浙江、贵州发布区块链相关政策最多，其次是江苏、深圳、雄安新区等省市。从地区分布看，经济相对发达地区的政策文件数量较多。从扶持政策内容来看，大致可以分为技术层面、产业层面、行业应用等层面。

技术层面，一方面，鼓励区块链技术的创新研究和应用，并强调加快区块链技术标准体系的制定；另一方面，鼓励区块链技术与大数据、人工智能等技术的融合研究和应用，以解决社会信用、成本、效率等方面的问题。

产业层面，一方面，（鼓励）设立区块链产业引导基金，比如，深圳市天使投资引导基金发起设立深圳区块链创投基金、青岛市北区人民政府发起青岛市北区区块链产业发展年度专项资金、北京金融局发起北京区块链生态投资基金。截至 2018 年 12 月，全国有 9 个省（市）政府根据自身条件推出区块链产业基金，总规模将近 400 亿元。其中，杭州雄岸全球区块链创新基金是全国最早的区块链产业基金。杭州、南京、河南发起的基金项目规模均达到 100 亿元。另一方面，从扶持方式上来看，主要有技术和人才奖励、设立产业园和实验室、设立区块链专项投资基金等方式。通过专项人才引进补贴、技术创新补贴、办公用房补贴等措施，促进区块链产业发展。就具体的补贴政策来看，目前对于区块链项目的扶持政策方面，主要分为财政补贴、注册条件和产业应用支持三个方面。比如，上海杨浦区通过《促进区块链发展的若干政策规定（试行)》，对区块链行业的发展给出了 12 条政策性支持，包括开办费补贴、办公用房补贴、联盟支持、融资支持等，该政策将于 2018 年 12 月 1 日起施行，有效期为 3 年，以孵化区块链项目，促进区块链产业发展。

应用层面，主要是鼓励或支持区块链与金融、供应链、跨境电商、供应链金融、物流、公益、农业、政务等产业的深度融合。比如，河南省人民政府印发《中国（河南）自由贸易试验区建设专项方案的通知》，鼓励在自贸试验区探索设立金融科技等新型金融公司。运用大数据、区块链、人工智能、云计算等新技术，发起设立供应链金融公司、跨境电商金融服务公司等新型金融公司，培育场景化金融生态圈。

另外，从政策制定的方向上来看，涉及金融领域的区块链推动政策较多，从技术层面和行业应用层面推动区块链产业发展的政策也比较多。从区域上来看，北京、上海、青岛、贵州、重庆等城市的区块链政策推动力度比较大。

总体来看，各地纷纷根据自身特点，制定相关专项政策，并鼓励区块链与实体经济结合，逐渐从金融领域应用扩展到各行各业。在各地区相关政策的推动下，区块链行业发展迎来新契机。

（4）区块链技术标准和政策日渐完善。

就区块链技术发展而言，目前在全世界范围内，区块链技术还没有统一的技术标准。就中国而言，以国家工业和信息化部（以下简称工信部）及其相关附属机构为主导，已开始逐步探索并实践区块链技术的标准化与统一化。比如，2018 年 10 月，工信部表示，将积极构建完善区块链标准体系，加快推动重点标准研制和应用推广，逐步构建完善的标准体系。据了解，工信部信息化和软件服务业司指导中国电子技术标准化研究院提出全国区块链和分布式记账技术标准化技术委员会组建方案。下一步，工信部信息化和软件服务业司将积极推动相关工作，加快推动标委会成立，更好地服务区块链技术产业发展。

此外，区块链产业在技术安全、信息服务安全、应用落地安全、数字货币监管等方面的政策也在加速完善。

在信息服务安全方面，2019 年 1 月 10 日，国家网信办发布《区块链信息服务管理规定》，进一步明确区块链信息服务提供者的信息安全管理责任，规范和促进区块链技术及相关服务健康发展，规避区块链信息服务安全风险，为区块链信息服务的提供、使用、管理等提供有效的法律依据。

在监管层面，2018 年是数字资产市场合规化探索关键之年，我国乃至全球市场进入加速合规阶段。英国金融管理局 2016 年提出并实施沙盒计划和沙盒监管相关制度；除英国外，新加坡、澳大利亚、美国等国家也纷纷在 2016—2017 年推出了关于沙盒监管的相关文件，对准入条件与操作方法进行了说明。在我国，早在 2017 年，贵阳区块链金融孵化器就在试运营区块链金融沙盒监管。

监管创新方面，2017 年至 2018 年初，各国对数字资产（尤其是数字资产发行）的监管大多采用了分类监管方式。2018 年 11 月 1 日，香港证监会发布《有关针对数字资产投资组合的管理公司、基金分销商及交易平台营运者的监管框架的声明》，提出了“无差别监管”方案，即无论数字资产是否构成《证券及期货条例》（第 571 章）中所界定的“证券”及“期货合约”，出于投资者保护考虑，均被纳入同等监管框架。

总体而言，国家鼓励探索研究区块链技术标准与技术安全应用，以此推动区块链技术与实际应用场景结合，服务实体经济，构建新型数字经济；但也谨慎对待并防范数字货币或 ICO 风险，并禁止数字货币的发行。但是，目前对于数字资产监管还处于探索阶段，监管政策还有待完善。

随着中央和各地方政府区块链扶持政策和监管政策的逐渐完善、

区块链标准（国家标准、行业标准）体系的完备，以及区块链技术的成熟，区块链产业发展基石也逐渐牢固。

表 1—1 中央单位区块链政策

政策视角	出台时间	政策发布方/名称	政策主要内容
技术	2016 年 10 月	工信部《中国区块链技术和应用发展白皮书（2016）》	总结了国内外区块链发展现状和典型应用场景，介绍了国内区块链技术发展路线图以及未来区块链技术标准化方向和进程
	2016 年 12 月	国务院《“十三五”国家信息化规划的通知》	“区块链”首次被作为战略性前沿技术写入规划
	2017 年 1 月	商务部《进一步推进国家电子商务示范基地建设工作的指导意见》	推动示范基地创业孵化，促进大数据、云计算、物联网、人工智能、区块链等技术的创新应用
	2017 年 7 月	国务院《关于新一代人工智能发展规划的通知》	促进区块链技术与人工智能的融合，建立新型社会信任体系
	2017 年 8 月	国务院《关于进一步扩大和升级信息消费持续释放内需潜力的指导意见》	提出开展基于区块链、人工智能等新技术的试点应用
	2018 年 6 月	工信部《工业互联网发展行动计划（2018—2020 年）》	鼓励推进边缘计算、深度学习、区块链等新兴前沿技术在工业互联网的应用研究
	2018 年 10 月	工信部《“十三五”国家信息化规划的通知》	表示将积极构建完善区块链标准体系，加快推动重点标准研制和应用推广，逐步构建完善的标准体系
产业	2017 年 3 月	工信部《云计算发展三年行动计划（2017—2019 年）》的通知	开展大数据、物联网、人工智能、区块链等新技术、新业务的研发和产业化
应用	2017 年 10 月	国务院《关于积极推进供应链创新与应用的指导意见》	提出要研究利用区块链、人工智能等新兴技术，建立基于供应链的信用评价机制
	2017 年 11 月	国务院《关于深化“互联网 + 先进制造业”发展工业互联网的指导意见》	促进边缘计算、人工智能、增强现实、虚拟现实、区块链等新兴前沿技术在工业互联网中的研究与探索

续表

政策视角	出台时间	政策发布方/名称	政策主要内容
应用	2017年12月	国家邮政局《关于推进邮政业服务“一带一路”建设的指导意见》	与沿线国家交流邮政业和互联网、大数据、云计算、人工智能及区块链等融合发展的经验，联合开展科技应用示范
	2018年2月	工信部《关于组织开展信息消费试点示范项目申报工作的通知》	积极探索利用区块链技术开展信息物流全程监测，推进物流业信息消费降本增效
	2018年4月	教育部《教育信息化2.0行动计划》	提出积极探索基于区块链、大数据等新技术的智能学习效果记录、转移、交换、认证等有效方式，形成泛在化、智能化学习体系，推进信息技术和智能技术深度融入教育教学全过程，打造教育发展国际竞争新增长极
其他	2017年1月	工信部《软件和信息技术服务业发展规划(2016—2020年)》	提出区块链等领域创新达到国际先进水平等要求
	2018年3月	工信部《2018年信息化和软件服务业标准化工作要点》	提出推动组建全国信息化和工业化融合管理标准化技术委员会、全国区块链和分布式记账技术标准化委员会
监管	2017年8月	中国互联网金融协会《关于防范各类以ICO名义吸收投资相关风险的提示》	国内外部分机构采用各类误导性宣传手段，以ICO名义从事融资活动，相关金融活动未取得任何许可，其中涉嫌诈骗、非法证券、非法集资等行为
	2017年9月	互联网金融风险专项整治工作领导小组办公室《关于对代币发行融资开展清理整顿工作的通知》	全面停止新发生代币发行融资活动，建立代币发行融资的活动监测机制，防止死灰复燃；对已完成的ICO项目要进行逐案研判，针对大众发行的要清退，打击违法违规行为
	2017年9月	央行等七部委《关于防范代币发行融资风险的公告》	要求即日停止各类代币发行融资活动，已完成代币发行融资的组织和个人应当做出清退等安排等

续表

政策视角	出台时间	政策发布方/名称	政策主要内容
监管	2018年1月	央行支付结算处下发《关于开展为非法虚拟货币交易提供支付服务自查整改工作的通知》	通知要求各单位及分支机构开展自查整改工作，严禁为虚拟货币交易提供服务，并采取措施防止支付通道用于虚拟货币交易；同时，加强日常交易监测，对于发现的虚拟货币交易，及时关闭有关交易主体的支付通道，并妥善处理待结算资金
	2018年8月	银保监会、中央网信办、公安部、人民银行、市场监管总局《关于防范以“虚拟货币”“区块链”名义进行非法集资的风险提示》	一些不法分子打着“金融创新”“区块链”的旗号，通过发行所谓“虚拟货币”“虚拟资产”“数字资产”等方式吸收资金，侵害公众合法权益。此类活动并非真正基于区块链技术，而是炒作区块链概念行非法集资、传销、诈骗之实
	2019年1月	国家互联网信息办公室发布《区块链信息服务管理规定》	区块链信息服务提供者和使用者不得利用区块链信息服务从事危害国家安全、扰乱社会秩序、侵犯他人合法权益等法律行政法规禁止的活动

表1—2 各省市区块链政策

地区	政策视角	出台时间	政策发布方/名称	政策主要内容
北京市	应用	2016年8月	北京市金融工作局《北京市金融工作局2016年度绩效任务》	为推进北京市金融发展环境建设，推动设立了中关村区块链联盟
		2016年12月	北京市金融工作局、北京市发展和改革委员会《北京市“十三五”时期金融业发展规划的通知》	将区块链归为互联网金融的一项技术，鼓励发展
		2017年9月	北京市金融工作局、北京市发展和改革委员会《关于构建首都绿色金融体系的实施办法的通知》	发展基于区块链的绿色金融信息基础设施，提高绿色金融项目安全保障水平

续表

地区	政策视角	出台时间	政策发布方/名称	政策主要内容
北京市	应用	2018 年 11 月	中关村管委会、北京市金融工作局、北京市科学技术委员会《北京市促进金融科技发展规划（2018—2022 年）》	将区块链技术纳入北京“金融科技”发展规划的范畴
	产业	2017 年 4 月	北京市《中关村国家自主创新示范区促进科技金融深度融合创新发展支持资金管理办法》	开展人工智能、区块链、量化投资、智能金融等前沿技术示范应用，按照签署的技术应用合同或采购协议金额的 30% 给予企业资金支持，单个项目最高支持金额不超过 500 万元
		2018 年 12 月	北京市西城区《关于支持北京金融科技与专业服务创新示范区（西城区域）建设若干措施》	要大力扶持金融科技应用示范，倡导安全、绿色、普惠金融服务，对人工智能、区块链、量化投资、智能金融等前沿技术创新最高给予 1000 万元资金奖励，切实助力产业和经济发展，助力城市智慧运行
天津市	技术	2017 年 6 月	天津市人民政府《天津市贯彻国家信息产业发展指南实施方案》	支持未来电视、天堰科技等重点企业面向人工智能、虚拟现实和增强现实等领域，提升容器、区块链、开发运营一体化等方面的关键技术服务能力
	应用	2017 年 10 月	天津市财政局《关于供应链体系建设项目和资金管理方法》	通过利用大数据、物联网、云计算、区块链、人工智能等方式，创新流通模式，提高供应链协同效率
		2017 年 11 月	天津市人民政府《天津市进一步扩大和升级信息消费实施方案的通知》	开展基于区块链、人工智能等新技术的试点应用，加快发展位置服务、社交网络服务、数字内容服务以及智能应用

续表

地区	政策视角	出台时间	政策发布方/名称	政策主要内容
河北省	产业	2018 年 2 月	河北省人民政府办公厅《关于加快推进工业转型升级建设现代化工业体系的指导意见》	提出要积极培育发展区块链等未来产业
	技术	2018 年 2 月	河北省人民政府《河北省战略性新兴产业发展未来三年行动计划》	支持开展海量数据存储、集群资源调度、计算资源虚拟化、区块链等前沿技术研发，着力在行业大数据分析、预测、决策及应用方面取得突破
		2018 年 4 月	河北省人民政府《河北雄安新区规划纲要》	超前布局区块链、太赫兹、认知计算等技术研发及试验
内蒙古自治区	技术	2017 年 6 月	内蒙古自治区人民政府办公厅《2017 年自治区大数据发展工作要点》	要求加强数据感知、数据传输、计算处理、基础软件、可视化展现、区块链及信息安全与隐私保护等领域技术和产品的研发
		2017 年 12 月	内蒙古自治区人民政府《内蒙古自治区大数据发展总体规划（2017—2020 年）》	加强多方安全计算、数据匿名化、区块链等数据融合关键技术研发和应用
山西省	产业	2017 年 8 月	山西省人民政府办公厅《山西省招商引资重点产业指导目录》	将区块链技术等新兴软件产品和服务纳入重点招商引资范畴
湖南省	产业	2018 年 6 月	长沙经济技术开发区管委会《长沙经开区关于支持区块链产业发展的政策（试行）》	区块链企业自落户之日起，3 年内给予最高 200 万元的扶持资金；为入驻区块链企业提供不超过 300 平方米的办公场地，免租 3 年；将设立总额 30 亿元的区块链产业基金，投资区块链企业

续表

地区	政策视角	出台时间	政策发布方/名称	政策主要内容
湖北省	应用	2017年4月	湖北省人民政府办公厅《关于进一步降低企业成本振兴实体经济的意见》	积极发展金融科技，增强大数据、云计算、区块链技术在征信、金融中介、风险防范等领域的应用
	产业	2018年5月	东湖高新区（武汉光谷）《加快推动高质量发展的实施意见（征求意见稿）》	推进人工智能、大数据、云计算、物联网等产业交叉创新和跨界融合，培育新一代人工智能、VR/AR、智能网联汽车、区块链等新业态
河南省	应用	2017年10月	河南省人民政府《中国（河南）自由贸易试验区建设专项方案的通知》	鼓励在自贸试验区探索设立金融科技等新型金融公司。运用大数据、区块链、人工智能、云计算等新技术，发起设立供应链金融公司、跨境电商金融服务公司等新型金融公司，培育场景化金融生态圈
上海市	产业	2017年4月	上海市互联网金融行业协会《互联网金融从业机构区块链技术应用自律规则》	包含系统风险防范、监管等12条内容，这也是国内首个互联网金融行业区块链自律规则
		2018年9月	杨浦区《促进区块链发展的若干政策规定（试行）》	该规定对区块链行业的发展给出了12条政策性支持，包括开办费补贴、办公用房补贴、联盟支持、融资支持等，有效期为3年
	其他	2018年1月	上海市教育委员会《2018年上海市教育委员会工作要点》	推荐基于人工智能和区块链技术的教育示范应用
江苏省	技术	2017年2月	南京市人民政府《市政府办公厅关于印发“十三五”智慧南京发展规划的通知》	明确提出要使区块链等一批新技术形成突破并得以实际应用

续表

地区	政策视角	出台时间	政策发布方/名称	政策主要内容
江苏省	应用	2017 年 2 月	南京市人民政府《“十三五”智慧南京发展规划的通知》	明确提出要使区块链等一批新技术形成突破并得以实际应用
		2017 年 3 月	南京市政府办公厅《南京市“十三五”金融业发展规划》	强调要以大数据、云计算、人工智能及区块链技术为核心，推进金融科技在征信、授信、风险控制等领域的广泛应用
		2017 年 10 月	南京发布“互联网+政务服务+普惠金融便民服务应用协同区块链支撑平台项目方案”	该方案利用区块链技术解决了政府各部门政务系统与各银行业务系统的打通
		2017 年 12 月	苏州市高铁新城发布 9 条区块链扶持政策	向社会开放首批 15 个区块链应用场景，并发布 9 条扶持政策，吸引区块链企业和人才落户
		2018 年 9 月	中共南京市委、南京市人民政府《南京市优化营商环境 100 条》	将完善金融信用服务，在“我的南京”App 上，建设科技区块链金融征信平台
浙江省	应用	2017 年 6 月	浙江省人民政府办公厅《关于推进钱塘江金融港湾建设的若干意见》	发布关于推进钱塘江金融港湾建设的实施意见，支持金融机构探索区块链等新型技术
	产业	2017 年 5 月	西湖区人民政府金融工作办公室《关于打造西湖谷区区块链产业的政策意见（试行）》	表示将为入驻产业园的企业和人才给予大量补贴，从而直接推进区块链产业的发展
		2018 年 5 月	杭州市人力资源与社会保障厅《高层次人才项目推荐选拔重点产业领域引导目录》	引导杭州在新能源汽车、云计算大数据、机器人、信息安全、虚拟现实、区块链、3D 打印、集成电路等 33 个产业领域，大力引进高层次人才

续表

地区	政策视角	出台时间	政策发布方/名称	政策主要内容
浙江省	技术	2017年11月	浙江省人民政府办公厅《关于进一步加快软件和信息服务业发展的实施意见（代拟稿）》	提及需要加快云计算、大数据、区块链等前沿领域的研究和产品创新
		2018年2月	杭州市人民政府《杭州城东智造大走廊发展规划纲要》	加快区块链层架构协议、底层技术、共识算法等技术的开发和应用，打造全球性区块链研发和应用、技术迭代及更新、人才交互、信息共享平台
	其他	2016年12月	浙江省人民政府办公厅《关于推进钱塘江金融港湾建设的若干意见》	为推进钱塘江金融港湾建设，将积极引进区块链企业入驻
安徽省	应用	2017年11月	淮北市人民政府办公室《淮北市物流业“十三五”发展规划》	推动云计算、大数据、物联网、自动识别、区块链等技术在物流运输、仓储、配送等领域的应用
		2018年2月	安徽省人民政府《关于进一步扩大和升级信息消费持续释放内需潜力的意见》	开展基于区块链、人工智能等新技术的试点应用，加快在工业控制、智能工厂等新兴应用领域的发展
	技术	2018年4月	安徽省人民政府《安徽省人民政府深化“互联网＋先进制造业”发展工业互联网的实施意见》	促进边缘计算、人工智能、增强现实、虚拟现实、区块链等新兴前沿技术在工业互联网中的应用研究与探索
	其他	2017年10月	铜陵市人民政府《促进大数据产业发展若干政策》	重点支持铜陵市登记注册、纳税，具有独立法人资格的大数据技术研究及产品开发企业，主要包括数据采集加工、算法建模、区块链等企业

续表

地区	政策视角	出台时间	政策发布方/名称	政策主要内容
福建省	应用	2018 年 1 月	福建省人民政府办公厅《关于加快全省工业数字经济发展的意见》	鼓励企业加入开源社区，利用国际开源技术资源进行再创新，推动区块链在社会治理、资产管理、公示公证、社会救助、知识产权、工业检测存证等领域的应用
		2018 年 12 月	福建省政府《福建省口岸通关进一步提效降费 促进跨境贸易便利化实施方案》	应用区块链技术，实现主要国际贸易环节、主要运输工具，主要进出口商品全覆盖，实现一点接入、一次提交、一次查验、一键跟踪和一站办理
	产业	2018 年 4 月	福建省人民政府《福建省人民政府关于深化“互联网＋先进制造业”发展工业互联网的实施意见》	意见表示，加强利用区块链等技术加强产业技术支撑
江西省	应用	2017 年 9 月	江西省人民政府《关于印发江西省“十三五”建设绿色金融体系规划的通知》	鼓励发展区块链技术，可信时间戳认证等互联网金融安全技术，应用于金融业务场景
		2018 年 1 月	江西省人民政府《赣江新区建设绿色金融改革创新试验区实施细则》	推广运用大数据、云计算、区块链等金融科技，服务绿色金融发展
	技术	2018 年 9 月	江西省人民政府《关于深化“互联网＋先进制造业”发展工业互联网的实施意见》	加强重大技术攻关，加快边缘计算、人工智能、区块链等新兴前沿技术在工业互联网中的应用研究和探索，形成一批自主知识产权的核心技术

续表

地区	政策视角	出台时间	政策发布方/名称	政策主要内容
山东省	应用	2018 年 7 月	山东省委、省政府《关于开展质量提升行动的实施方案》	推进“诚信山东”建设。积极探索区块链技术在质量体系建设中的应用，建设“山东质量链”平台，建立产品质量担保和产品损害赔偿制度，推动产品质量保险等相关金融业务发展
	产业	2017 年 6 月	山东省市北区人民政府《关于加快区块链产业发展的意见（实行）》	力争到 2020 年，形成一套区块链可视化标准，打造一批可复制推广的应用模板，引进和培育一批区块链创新企业
广东省	技术	2016 年 12 月	广州市人民政府《广州市加快 IAB 产业发展 5 年计划（2018—2022 年）》的通知	在重点发展领域及方向方面提到区块链技术
	产业	2017 年 12 月	广州市黄埔区《广州市黄埔区广州开发区促进区块链产业发展办法》	核心条款包括 7 个方面，涵盖成长奖励、平台奖励、应用奖励、技术奖励、金融支持、活动补贴等。预计每年将增加 2 亿元左右的财政投入
	应用	2016 年 11 月	深圳市金融办《深圳市金融业发展“十三五”规划》	支持金融机构加强对区块链、数字货币等新兴技术的研究探索
		2017 年 10 月	深圳市《深圳市人民政府关于印发扶持金融业发展若干措施的通知》	鼓励金融创新，设立金融科技专项奖，重点奖励在区块链、数字货币、金融大数据运用等领域的优秀项目，年度奖励额度控制在 600 万元以内
	产业	2018 年 3 月	深圳市经济贸易和信息化委员会《市经贸信息委关于组织实施深圳市战略性新兴产业新一代信息技术信息安全专项 2018 年第二批扶持计划的通知》	文件表示，区块链属于扶持领域之一，按投资计算，单个项目资助金额不超过 200 万元，资助金额不超过项目总投资的 30%

续表

地区	政策视角	出台时间	政策发布方/名称	政策主要内容
广西壮族自治区	技术	2017年11月	广西壮族自治区商务厅《关于建立广西重要产品追溯体系建设重点项目库的通知》	探索创新技术手段，重点推进二维码、无线射频识别、区块链等技术的应用
		2017年12月	广西壮族自治区人民政府办公厅《广西进一步扩大和升级信息消费持续释放内需潜力实施方案的通知》	通知表示，大力发展软件和信息技术服务业，开展基于区块链、人工智能等新技术的试点应用
		2018年9月	广西壮族自治区人民政府《广西数字经济发展规划（2018—2025年）》	重点培育发展大数据、云计算、人工智能、物联网、区块链、集成电路、智能终端制造、软件和信息技术、北斗卫星导航等数字产业，超前布局未来网络等新兴前沿领域
	应用	2018年8月	广西壮族自治区人民政府办公厅《关于印发广西数字经济发展三年行动计划（2018—2020年）的通知》	探索区块链技术应用场景，推动区块链与数据交易、金融、物流、医疗、能源等行业的广泛深度融合，促进区块链专业服务加快发展
海南省	应用	2017年4月	海南省人民政府《加快推进“互联网+”行动实施方案》	支持利用区块链技术驱动金融创新发展，开发基于区块链底层技术和应用平台的互联网金融示范应用
		2017年7月	海南省人民政府办公厅《海南省推动实体零售创新转型实施方案》	方案明确指出，要建立健全重要商品追溯体系和商品质量标准体系，为实体零售企业采购符合国家质量标准的产品提供指引。其中商品追溯就是区块链技术应用的一个非常好的场景

续表

地区	政策视角	出台时间	政策发布方/名称	政策主要内容
黑龙江省	技术	2017年8月	黑龙江省人民政府办公厅《关于印发黑龙江省国民经济和社会发展信息化“十三五”规划的通知》	加强量子通信、人工智能、虚拟现实、大数据认知分析、无人驾驶交通工具、区块链等新技术基础研发和前沿布局
吉林省	产业	2018年5月	吉林省人民政府发展研究中心《关于加快引进和培育我省区块链产业的建议》	区块链技术作为一个迭代性的重大创新技术正在加速推进数字经济发展
	技术	2018年8月	长春市工信局将认真落实《长春市人民政府关于加快数字长春建设推动老工业基地全面振兴发展的意见》	持续推进互联网、区块链、大数据、人工智能、云计算等与实体经济广泛深度融合，积极培育新动能、新模式、新业态和新产品，重点加快企业云平台和工业互联网平台建设
辽宁省	应用	2018年2月	辽宁省人民政府办公厅《关于积极推进供应链创新与应用的实施意见》	研究利用区块链等技术，建立和完善基于区块链的信用评价制度和行业信用评估标准
陕西省	应用	2018年3月	咸阳市人民政府办公室《关于加强智慧医疗建设和应用工作的实施意见》	意见指出，市卫计局、市信息办要积极探索基于区块链技术的数字医疗技术与服务
	其他	2018年8月	西安市人民政府《西安市推进企业上市和并购重组“龙门行动”计划(2018—2021年)》	大力支持以区块链等新技术为代表的上市挂牌科技企业创新发展，打造科创企业金融孵化“硅谷”
甘肃省	技术	2018年2月	甘肃省人民政府办公厅《关于积极推进供应链创新与应用的实施意见》	要求推进研究利用区块链、人工智能等新兴技术，建立基于供应链的信用评价机制
	应用	2018年1月	甘肃省人民政府《关于积极推进供应链创新与应用的实施意见》	研究利用区块链等技术，建立和完善基于区块链的信用评价机制

续表

地区	政策视角	出台时间	政策发布方/名称	政策主要内容
甘肃省	产业	2018 年 6 月	甘肃省人民政府办公厅《甘肃省节能环保产业专项行动计划》	借助区块链等新技术，加速互联网与节能环保产业实体经济融合
青海省	技术	2018 年 11 月	青海省人民政府办公厅关于印发《2018 年全省重大前期项目工作责任分工》的通知	主要围绕加快信息化深度融合发展，重点推进完善有线接入网络、无线网络覆盖与优化、柴达木区块链技术数据中心、海南州大数据产业园等项目建设
宁夏回族自治区	应用	2016 年 4 月	宁夏回族自治区商务部《重要产品追溯体系建设示范工作评估验收指南》	自 2016 年以来，区块链立体化溯源体系建设覆盖了盐池县 8 个乡镇
四川省	应用	2017 年 8 月	成都市金融工作局、成都市财政局《财政金融 19 条》	鼓励发展金融科技产业，支持大数据、云计算、人工智能、区块链等新一代信息技术与金融领域深度融合
		2018 年 8 月	成都市经信委《成都市网络信息安全产业发展规划（2018—2022 年）》	《规划》提出，成都市将适时制定云计算、人工智能、区块链等新兴领域安全产业发展专项政策，在企业设立、投融资、税收、人才引进等方面给予优惠
	技术	2017 年 7 月	成都市高新区《成都高新区关于发展新经济培育新动能的若干政策》	政策明确提到，对开展区块链、移动支付、智能投顾等业务的金融科技企业，按照研发费用的 10% 给予最高 500 万元补贴
		2018 年 7 月	中共四川省委《关于积极探索区块链技术发展应用的决定》	经研究，作出若干决定，其中包括：抢占数字经济发展制高点。积极探索增强现实（AR）、区块链技术发展应用

续表

地区	政策视角	出台时间	政策发布方/名称	政策主要内容
贵州省	产业	2018年2月	贵州省人民政府关于印发《贵州省实施“万企融合”大行动，打好“数字经济”攻坚战方案》的通知	方案强调：加快壮大物联网、人工智能、共享经济、区块链等新业态，优化实体经济结构，提升融合发展质量
	应用	2017年2月	贵州省大数据发展领导小组《贵州省数字经济发展规划（2017—2020年）》政府报告	报告中提到了“建设区块链数字资产交易平台，构建区块链应用标准体系”等目标
		2017年5月	贵阳国家高新区《支持区块链发展和应用的试行政策措施》	推出促进区块链技术创新及应用十条政策措施（试行），在入驻、运营、成果奖励、人才、培训、融资、风险、上市十个方面提供政策支持
		2018年4月	贵州省人民政府《关于积极推进供应链创新与应用的指导意见》	贵州省人民政府下发鼓励利于区块链、人工智能等新兴技术，建立基于供应链的信用评价机制
	产业	2017年6月	贵阳市人民政府《关于支持区块链发展和应用的若干政策措施（试行）》	下发支持区块链发展和应用的试行政策措施，主要在主体、平台、创新、金融和人才五方面对区块链产业提供政策扶植
重庆市	产业	2017年11月	重庆市经济和信息化委员会《关于加快区块链产业培育及创新应用的意见》	意见提出到2020年，力争全市打造2～5个区块链产业基地，引进和培育区块链国内细分领域龙头企业10家以上、有核心技术或成长型的区块链企业50家以上，引进和培育区块链中高级人才500名以上，初步形成国内重要的区块链产业高地和创新应用基地

续表

地区	政策视角	出台时间	政策发布方/名称	政策主要内容
重庆市	产业	2018 年 6 月	重庆市渝中区《渝中区以大数据智能化为引领的创新驱动发展战略行动计划实施案》	重点发展大数据、人工智能等 12 项智能产业，大力推动智能制造和工业互联发展
	应用	2018 年 3 月	重庆市政府《关于贯彻落实推进供应链创新与应用指导意见任务分工的通知》	通知提到，研究利用区块链、人工智能等新兴技术，建立基于供应链的信用评价机制
		2018 年 12 月	重庆市人民政府办公厅《关于开展中小企业商业价值信用贷款改革试点工作的通知》	利用大数据、区块链等技术探索创新中小企业商业价值评价体系，不断丰富和完善商业价值信用贷款的应用场景；利用防火墙、区块链等先进技术记录涉企数据来源、走向、运用及输出痕迹，建立涉企数据安全保密责任制度，制定数据泄密应急处置预案，有效应对突发事件和紧急情况
香港特别行政区	其他	2018 年 2 月	香港证监会《证监会告诫投资者防范加密货币风险》	公告显示，涉及 ICO 的数字货币将会被认为是证券，将纳入监管
		2018 年 11 月	香港证监会对虚拟资产最新的监管方针	方针表示，加密货币相关基金和销售平台，只可向专业投资者销售，需要在香港证监会注册；在沙盒实验验证可行后，香港证监会或有可能向加密货币交易所颁发牌照
澳门特别行政区	其他	2018 年 6 月	澳门特别行政区金融管理局发出“关于ICO私募的警告”	向公众发出警告称，加密货币存在“欺诈和犯罪活动”的可能性。澳门金融管理局提醒所有澳门居民，加密货币是虚拟产品，但不是法定货币或金融工具。居民应该知道与加密货币有关的欺诈和犯罪活动

续表

地区	政策视角	出台时间	政策发布方/名称	政策主要内容
台湾	其他	2018 年 6 月	台湾“立法院”推动区块链连线暨产业自律组织成立大会，组建新的议会组织——台湾区块链议会联盟（TPCB）	推动监管框架的出台，以促进区块链行业的健康发展，保护投资者的合法权益
		2018 年 11 月	台湾“立法院”修订《反洗钱法》《防止恐怖主义融资法》	规定加密货币交易属于现行洗钱法的管辖范围。要求虚拟货币平台实名制，银行需要向监管机构报告匿名的“可疑”交易

2. 应用逐步落地，区块链产业日臻完善

（1）区块链园区遍地开花，实践特色应用场景。

自 2016 年 11 月，中国首个应用区块链孵化基地落户上海宝山以来，杭州、广州、重庆、青岛、武汉等多个城市的区块链产业园区也如雨后春笋般纷纷涌现。2018 年各城市出台专项政策，其基本思路主要是“筑巢引凤”以培育区块链产业生态，但区块链扶持政策较为同质化。通过 2018 年的项目试水、政策效果反馈，2019 年各地政府对待区块链的态度更加严谨、务实，加之 2019 年 10 月 24 日中共中央政治局就区块链技术发展现状和趋势进行第十八次集体学习后，区块链产业在中国迎来了发展的新机遇，各地方政府开始重视区块链技术的培育和发展，相继推出扶持政策，区块链产业园区的建设如火如荼，聚焦于如何将区块链技术与地方特色相结合，寻找实际落地场景，在服务经济社会发展中发挥作用。

根据零壹智库统计，截至 2019 年 11 月末，全国已成立区块链产业园共计 38 家，其中由政府主导或推进的有 18 个。从地域划分

来看，超六成的区块链产业园集中在杭州、广东、上海等城市。

图 1—17 政府主导的区块链产业园分布图

在应用领域方面，政务民生类应用项目数量显著增多，司法存证、税务、电子票据、产品溯源等其他领域稳步发展。

表 1—3 我国各地方主要区块链项目梳理

地区	项目时间	项目内容
北京	2018 年 6 月	国家工信安全中心发布电子数据保全平台，利用区块链进行验证和追溯
	2018 年 12 月	北京顺义区住建委上线“棚改项目全生命周期智慧监管信息平台”，运用大数据、区块链技术让棚改项目更规范、更高效、更安全
	2018 年 12 月	北京互联网法院“天平链”在京正式发布。“天平链”是由工信部安全中心、百度等共建的区块链电子证据平台，联合鉴定中心、公证处等 17 个单位作为节点，接入包括百度图腾在内的 24 个应用，节点数和应用量均列国内司法行业第一

续表

地区	项目时间	项目内容
北京	2019 年 1 月	百度运用区块链等技术将北京海淀公园升级改造完毕，推出了全国首个 AI 公园
	2019 年 4 月	北京市海淀区基于区块链等技术在二手房交易和京籍存量房交易等场景实现了“不动产登记 + 用电过户”多项业务同步办理
	2019 年 6 月	北京经济技术开发区“基于区块链的开发区政务大数据平台”项目完成招标。该平台为建设智慧城市提供基础构件，将在年底前投入使用
杭州	2018 年 3 月	中钞信用卡产业发展有限公司杭州区块链技术研究院发布络谱区块链登记开放平台，致力于基于区块链技术，建立数字身份、可信数据、数字凭证，实现可信协作
	2018 年 9 月	杭州互联网法院运行的司法区块链系统正式上线，已经接入公证处、司法鉴定中心等多个节点。该链系统是杭州互联网法院作为节点加入阿里巴巴旗下蚂蚁区块链建立的联盟链中来实现的
	2018 年 9 月	杭州市江干区法院召开杭州大世界五金城有限公司第一次债权人大会，此次会议的在线投票数据均写入络谱区块链登记开放平台
	2018 年 12 月	中国移动杭州分公司与杭州市政府合作，共同建设了基于区块链技术的“中小学直饮水系统”工程
	2019 年 1 月	蚂蚁区块链共同研发检察区块链，融合了物联网和区块链技并对电子数据的完整性、真实性区块链认证
	2019 年 3 月	杭州地铁联合支付宝推出基于区块链技术的电子发票
	2019 年 6 月	杭州互联网法院上线“5G + 区块链”涉网执行新模式
浙江	2019 年 4 月	浙江区块链公证摇号系统上线测试，并于 5 月正式启动运营
	2019 年 6 月	浙江省区块链电子票据平台上线，这是全国首个区块链电子票据平台。该平台由浙江省财政厅发起，应用支付宝的蚂蚁区块链技术共同推进，旨在优化用户就医流程
上海	2019 年 2 月	上海市浦东新区人民法院在案件审理中采纳由司法联盟链 IP360 保存的电子证据，并将其作为审判依据
	2019 年 3 月	上海市静安区体育公益配送服务项目“静安体育公益配送”平台正式上线。该平台引入了经认证的可信区块链系统，用于解决公益配送环节中的信用问题，保证配送资金的安全性、透明性
	2019 年 4 月	上海第一人民医院和安徽省立医院腾讯互联网技术上线区块链电子病历，制定了统一的电子病历展现标准

续表

地区	项目时间	项目内容
深圳	2018 年 8 月	全国首张区块链电子发票在深圳亮相。此次推出的区块链电子发票由深圳市税务局主导、腾讯提供底层技术和能力，是全国范围内首个“区块链 + 发票”生态体系应用研究成果，得到国家税务总局的批准与认可
	2018 年 9 月	“粤港澳大湾区贸易金融区块链平台”在深圳试运
	2018 年 10 月	深圳首个“保税 + 社区新零售”顺丰优选项目“丰溯 Go”上线运营。“丰溯 Go”依托区块链技术，搭建商品供应链全程溯源体系，解决了跨境商品身份认证的行业痛点
	2019 年 1 月	深圳市推出了全市统一政务服务 App——“i 深圳”，利用区块链技术，打造区块链电子卡证平台
	2019 年 3 月	北海渔村上线区块链电子发票产品，解决了商户对税控设备及电脑管理麻烦的痛点，是深圳税局首次基于 POS 机产生的电子发票产品
	2019 年 6 月	深圳地区在全国范围内率先推出 P2P 网贷机构良性退出统一投票表决系统，该系统引入了区块链技术
广州	2017 年 10 月	微众银行联合广州仲裁委、杭州亦笔科技三方基于区块链技术搭建的“仲裁链”上线
	2018 年 2 月	广州仲裁委基于“仲裁链”出具了业内首个裁决书
	2018 年 6 月	广州市黄埔区（广州开发区）税务局推出了广州首个“税链”区块链电子发票平台，致力解决纳税人发票使用中的痛点堵点问题，构建发票管理开放性生态化的共治格局
	2018 年 1 月	“政策公信链”是全国首个实现落地的区块链政策兑现平台，旨在提高政府政策兑现业务处理效率
	2019 年 3 月	广州互联网法院“网通法链”智慧信用生态系统正式上线，该系统以区块链技术为基础，坚持“生态系统”理念，打造“一链两平台”新一代智慧信用生态体系
	2019 年 4 月	广州市黄埔区新上线了商事服务区块链平台。黄埔区在全国首创“区块链 + AI”企业开办服务模式，该平台综合了黄埔区既有的惠企政策，打造了基于区块链的共享式登记网
	2019 年 6 月	广州市中级人民法院智慧破产审理系统上线，该系统实现了全国首个破产审判区块链协同平台
贵阳	2017 年 5 月	贵阳红云社区携手网录科技，搭建红云社区区块链助困系统，通过区块链平台实现精准扶贫、助残
	2018 年 10 月	贵州省扶贫基金会搭建的区块链智慧公益平台正式上线，运用区块链技术的可溯源、不可篡改、数据加密安全等特征，实现公益活动过程中信息与行为的全流程存证和全周期追溯与审计

续表

地区	项目时间	项目内容
贵阳	2019 年 1 月	贵阳清镇市积极运用区块链技术实现农村基层治理智能化、数字化
青岛	2019 年 6 月	青岛市市北区运用区块链技术打造了“政务知识学习及考试平台”和“政务 KPI 考核平台”，在简化办事流程的同时将所有过程上链，保证透明以及可追溯
	2019 年 7 月	青岛市市北区计划打造政务的底层数据流通网络，在不改变上层现有的政务信息系统的情况下，实现政务多部门之间的数据快速联动与同步
重庆	2018 年 2 月	重庆市江北区公安分局启动“社区民警智能名片”区块链应用项目。该项目搭建了基于区块链的三级身份验证系统，给民警佩戴防伪身份证二维码的智能民警联系卡
	2018 年 6 月	重庆市渝中区发布基于区块链的智慧党建信息平台
	2018 年 8 月	重庆市渝中区采用“区块链”模式建立贸易港企业主质量信用公示管理体系
	2018 年 11 月	建立以区块链技术为核心的新型政务信息资源共享机制，探索运用区块链技术助推电子证照，电子材料，电子档案，电子签章跨层级，跨部门，跨区域共享互认
	2019 年 1 月	利用区块链技术进行食品药品监管追溯
	2019 年 6 月	利用区块链建设的重庆市企业开办网上服务平台上线
	2019 年 6 月	与支付宝合作的区块链政务服务平台上线
	2019 年 3 月	重庆市工商局新注册登记营业执照全部加入政务区块链，并发出了第一张基于区块链技术的电子营业执照
佛山	2017 年 7 月	佛山市禅城区推出“智信城市”计划，这是基于区块链技术的创新应用成果，属于全国较早探索区块链政务应用的县区
	2018 年 11 月	佛山禅城政府推出了“共享社区”App，这是禅城创新“区块链 + 共享社区”基层治理方式的最新实践
	2019 年 1 月	佛山市禅城区计划启动“区块链养老服务”项目，使用区块链技术搭建数据共享和联动平台，从而完善服务管理机制
	2019 年 4 月	佛山市禅城区教育局组织开展全区中小学生眼健康数字化管理暨“区块链 + 视力”项目工作，实现儿童眼健康从筛查到治疗的全过程数字化管理
	2019 年 6 月	佛山市禅城区启动全省首个“区块链 + 疫苗”项目建设，打造“区块链 + 疫苗安全管理平台”，疫苗的流通全过程实现可视化监管，让疫苗更安全

续表

地区	项目时间	项目内容
南京	2018 年 9 月	南京仲裁委员会宣布，深度利用区块链技术，协同存证机构、金融机构、仲裁机构等对电子数据的存管，实现证据实时保全、电子送达、在线审理与裁决的网络仲裁平台上线运行
福州	2019 年 1 月	福建省福州市与比特大陆合作，运用区块链技术共同打造福州“城市大脑”
	2019 年 5 月	福州市永泰县通过建设环保生态综合监管区块链弹性数字云平台，实现了以信息化的方式助力生态综合治理
海口	2019 年 4 月	海南省海口市上线运行全国首个区块链电子缴存证明平台
	2019 年 7 月	海口市龙华区启动了海南首个“区块链＋志愿服务”项目，即通过建立区委宣传部、团委、民政、司法等部门与志愿服务工作的衔接机制，在志愿服务平台上实现互联互通

（2）中国区块链企业多，以中小型公司为主。

根据《区块链蓝皮书：中国区块链发展报告（2019）》显示，全国区块链企业近 28000 家。其中投入生产环节的区块链企业约 1000 家，占比仅 3.6%，主要集中在北京、上海、广东、浙江等东部发达地区。我国区块链产业应用主要分布在金融、供应链、溯源和硬件，占比近 65%。

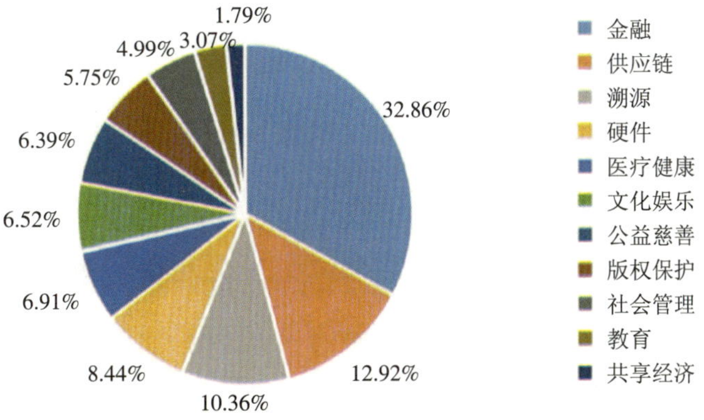

图 1—18　中国区块链产业应用分布

（3）布局工程技术研发，赋能实体经济。

科技巨头纷纷将目光投向区块链云平台（BaaS），且侧重于不同的应用领域。百度发布的“度小满金融区块链开放平台”着眼于金融领域的企业区块链构建服务，该平台主要适用于支付清算、数字票据、银行征信管理、权益证明和交易所证券交易等领域。阿里云着手建立的阿里云区块链 BaaS 主要面向企业级客户，为客户搭建商品溯源、数据资产交易等 14 个应用场景中的信任基础设施，从而推动开发者生态的发展。腾讯推出的区块链 BaaS 平台的定位则是“以信息服务方的角色全面向合作伙伴开放”，腾讯自身则不参与供应链金融布局中。京东推出的区块链 BaaS 平台与上述各巨头的定位都不同，将重点放在商品的防伪追溯上，商品原料的生产、加工、物流运输、零售交易等数据都可以上链。华为的区块链服务 BCS 产品为企业及开发者提供公有云区块链服务，即是华为云 PaaS 服务的一次升级，也标志着华为云服务的生态版图进一步拓展。

除了传统科技巨头，还有很多科技企业投身区块链应用中，各种区块链技术创新成果层出不穷。截至 2019 年 3 月，中国区块链企业数量仅次于美国，分别达到 499 家和 553 家，主要集中在北京、上海、广东、浙江等发达地区。中国区块链发展的核心技术创新力正在不断提升，这为央企的区块链应用提供了坚实的技术基石。在央企的区块链现有成果中，大部分都是央企与互联网科技企业合作的产出。

第二章

区块链技术构成与集成演进

一、区块链技术构成

区块链是一种由多方共同维护、分布式存储的记账技术，具有不可篡改、可溯源、安全可信等特点。近年来，在中国经济数字化转型的背景下，随着区块链技术的快速发展与普及，区块链技术的研究与应用已由初期概念阶段进入大规模实际应用阶段，并被认为是继蒸汽机、电力、互联网等之后的下一代科技创新革命，将深刻改变经济、金融、工业、农业等各领域。

一般说来，区块链系统由数据层、网络层、共识层、激励层、合约层和应用层组成。每一层都由不同的技术构成。其中，数据层封装了底层数据区块以及相关的数据加密和时间戳等技术；网络层则包括分布式组网机制、数据传播机制和数据验证机制等；共识层主要封装网络节点的各类共识算法；激励层将经济因素集成到区块链技术体系中来，主要包括经济激励的发行机制和分配机制等；合约层主要封装各类脚本、算法和智能合约，是区块链可编程特性的基础；应用层则封装了区块链的各种应用场景和案例。该模型中，基于时间戳的链式区块结构、分布式节点的共识机制、基于共识算力的经济激励和灵活可编程的智能合约是区块链技术最具代表性的创新点。

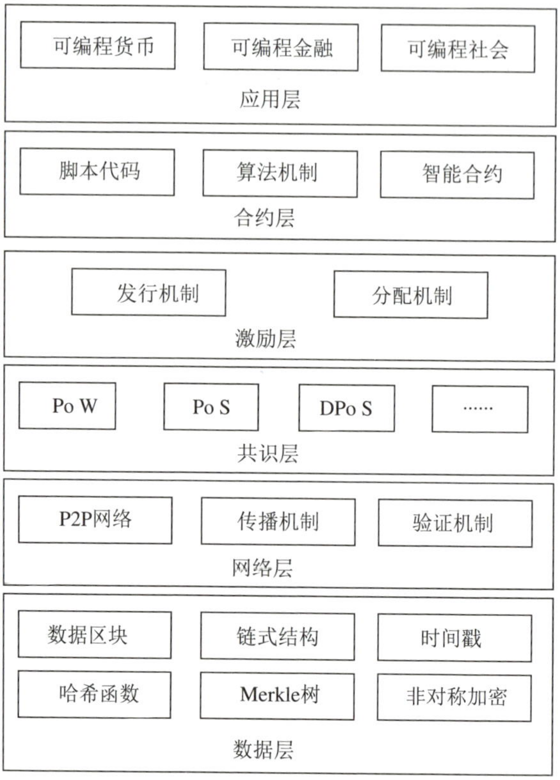

图 2—1　区块链系统各层技术构成图

1. 加密技术

非对称加密是为满足安全性需求和所有权验证需求而集成到区块链中的加密技术，常见算法包括 RSA、Elgamal、Rabin、D-H、ECC（即椭圆曲线加密算法）等。非对称加密通常在加密和解密过程中使用两个非对称的密码，分别称为公钥和私钥。非对称密钥具有两个特点，首先是用其中一个密钥（公钥或私钥）加密信息后，只有另一个对应的密钥才能解开；其次是公钥可向其他人公开，私钥则保密，其他人无法通过该公钥推算出相应的私钥。非对称加密技术在区块链的应用场景主要包括信息加密、数字签名和登录认证等，其中信息加密场景主要是由信息发送者（记为 A）使用接受者（记为 B）的公钥对信息加密后再发送给 B，B 利用自己的私钥对信息解密。比特币交易的加密即属于此场景；数字签名场景则是由发送者 A 采用自己的私钥加密信息后发送给 B，B 使用 A 的公钥对信息解密，从而可确保信息是由 A 发送的；登录认证场景则是由客户端使用私钥加密登录信息后发送给服务器，后者接收后采用该客户端的公钥解密并认证登录信息。

2. 时间戳

区块链技术要求获得记账权的节点必须在当前数据区块头中加盖时间戳，表明区块数据的写入时间。因此，主链上各区块是按照时间顺序依次排列的。时间戳技术本身并不复杂，但其在区块链技术中的应用是具有重要意义的创新。时间戳可以作为区块数据的存在性证明（Proof of existence），有助于形成不可篡改和不可伪造的区块链数据库，从而为区块链应用于公证、知识产权注册等时间敏感的领域奠定了基础。更为重要的是，时间戳为未来基于区块链的互联网和大数据增加了时间维度，使得通过区块数据和时间戳来重现历史成为可能。

普通的时间戳一般由系统自动生成或者个人自建，由于缺乏权威时间机构进行授时和守时保障，在法律上的证明力较弱。所以，在电子政务、电子商务、司法、知识产权保护等多个领域中采用的是可信时间戳。可信时间戳是由权威时间机构进行授时和守时保障，并有第三方时间戳服务机构颁发的证书对电子数据的实际存在和内容完整进行证明。目前我国可以提供可信时间戳服务的是联合信任时间戳服务中心（Time Stamp Authority，简称 TSA），由中国科学院国家授时中心和北京联合信任技术服务有限公司共同建设，北京联合信任技术服务有限公司主要负责时间戳服务系统的建设、应用开发、技术支持以及时间戳服务中心的商业化运营，国家授时中心主要负责该系统的国家标准时间溯源以及系统时间的同步预分配。

3. 哈希算法

区块链通常并不直接保存原始数据或交易记录，而是保存其哈希函数值，即将原始数据编码为特定长度的由数字和字母组成的字符串后记入区块链。哈希函数（也称散列函数）具有诸多优良特点，因而特别适合用于存储区块链数据。例如，通过哈希输出几乎不能反推输入值（单向性），不同长度输入的哈希过程消耗大约相同的时间（定时性）且产生固定长度的输出（定长性），即使输入仅相差一个字节也会产生显著不同的输出值（随机性）等。

比特币区块链通常采用双 SHA256 哈希函数，即将任意长度的原始数据经过两次 SHA256 哈希运算后转换为长度为 256 位（32 字节）的二进制数字来统一存储和识别。除上述特点外，SHA256 算法还具有巨大的散列空间（2256）和抗碰撞（避免不同输入值产生相同哈希值）等特性，可满足比特币的任何相关标记需要而不会出现冲突。

4. 共识技术

Po W 共识机制：中本聪在其比特币奠基性论文中设计了 Po W 共识机制，其核心思想是通过引入分布式节点的算力竞争来保证数据一致性和共识的安全性。比特币系统中，各节点（即矿工）基于各自的计算机算力相互竞争来共同解决一个求解复杂但验证容易的

SHA256 数学难题（即挖矿），最快解决该难题的节点将获得区块记账权和系统自动生成的比特币奖励。该数学难题可表述为：根据当前难度值，通过搜索求解一个合适的随机数（Nonce）使得区块头各元数据的双 SHA256 哈希值小于或等于目标哈希值。比特币系统通过灵活调整随机数搜索的难度值来控制区块的平均生成时间为 10 分钟左右。

Po S 共识机制：Po S 共识是为解决 Po W 共识机制的资源浪费和安全性缺陷而提出的替代方案。Po S 共识本质上是采用权益证明来代替 Po W 中的基于哈希算力的工作量证明，是由系统中具有最高权益而非最高算力的节点获得区块记账权。权益体现为节点对特定数量货币的所有权，称为币龄或币天数（Coin days）。币龄是特定数量的币与其最后一次交易的时间长度的乘积，每次交易都将会消耗掉特定数量的币龄。此外，Po W 共识过程中各节点挖矿难度相同，而 Po S 共识过程中的难度与交易输入的币龄成反比，消耗币龄越多则挖矿难度越低。节点判断主链的标准也由 Po W 共识的最高累计难度转变为最高消耗币龄，每个区块的交易都会将其消耗的币龄提交给该区块，累计消耗币龄最高的区块将被链接到主链。由此可见，Po S 共识过程仅依靠内部币龄和权益而不需要消耗外部算力和资源，从根本上解决了 Po W 共识算力浪费的问题，并且能够在一定程度上缩短达成共识的时间，因而比特币之后的许多竞争币均采用 Po S 共识机制。

DPo S 共识机制：DPo S 共识机制的基本思路类似于“董事会决策”，即系统中每个股东节点可以将其持有的股份权益作为选票授予一个代表，获得票数最多且愿意成为代表的前 101 个节点将进入

“董事会”，按照既定的时间表轮流对交易进行打包结算并且签署（即生产）一个新区块。每个区块被签署之前，必须先验证前一个区块已经被受信任的代表节点所签署。“董事会”的授权代表节点可以从每笔交易的手续费中获得收入，同时要成为授权代表节点必须缴纳一定量的保证金，其金额相当于生产一个区块收入的 100 倍。授权代表节点必须对其他股东节点负责，如果其错过签署相对应的区块，则股东将会收回选票从而将该节点“投出”董事会。因此，授权代表节点通常必须保证 99% 以上的在线时间以实现盈利目标。显然，与 Po W 共识机制必须信任最高算力节点和 Po S 共识机制必须信任最高权益节点不同的是，DPo S 共识机制中每个节点都能够自主决定其信任的授权节点且由这些节点轮流记账生成新区块，因而大幅减少了参与验证和记账的节点数量，可以实现快速共识验证。

还有一类是基于投票的共识机制。

PBFT 是具有代表性的基于投票的共识机制，数据只有被全网中大多数节点确认，才可以加入区块链，其他主流基于投票类的算法还有 Raft、Tangle、Hash Graph 等。①

表 2—1　区块链三种共识机制对比图

	工作量证明机制PO W	授权股权证明机制DPO S	权益证明机制PO S
概念	指系统为达到某一目标而设置的度量方法。简单理解就是通过对工作的结果进行认证来证明完成了相应的工作量。按劳分配，多劳多得	该机制拥有一个内置的实时股权人投票系统，就像随时都在召开股东大会，所有股东都在这里投票决定公司决策	要求证明人提供一定数量货币的所有权。按照持有此币的数量比例以及持有的时间，来决定记账权的归属
优缺点	优点:结果能被快速验证，系统承担的节点量大，不易被用来作恶 缺点:需要消耗大量的算法，达成共识的周期较长，消耗能源，污染环境	优点:参与的节点的数量较少，从而达到秒级的共识验证周期 缺点:无法摆脱代币，不能完美解决区块链在商业中的应用问题	优点:缩短达成共识所需的周期，比PO W更加节约能源 缺点:本质上仍然需要网络中的节点进行挖矿运算，转账真实性较难保证

① 聂凯君、曹傧、彭木根：《6G 内生安全：区块链技术》，《电信科学》2020 年第 36 期。

5. 智能合约

智能合约概念最早在 1994 年由学者 Nick Sz－abo 提出，最初被定义为一套以数字形式定义的承诺，包括合约参与方可以在上面执行这些承诺的协议，其设计初衷是希望通过将智能合约内置到物理实体来创造各种灵活可控的智能资产。

智能合约是一组情景——应对型的程序化规则和逻辑，是部署在区块链上的去中心化、可信共享的程序代码。智能合约同样具有区块链数据的一般特征，如分布式记录、存储和验证、不可篡改和伪造等。签署合约的各参与方就合约内容、违约条件、违约责任和外部核查数据源达成一致，必要时检查和测试合约代码以确保无误后，以智能合约的形式部署在区块链上，即可不依赖任何中心机构地自动化代表各签署方执行合约。智能合约的可编程特性使得签署方可以增加任意复杂的条款。

智能合约的运作机理：通常情况下，智能合约经各方签署后，以程序代码的形式附着在区块链数据（例如一笔比特币交易）上，经 P2P 网络传播和节点验证后记入区块链的特定区块中。智能合约封装了预定义的若干状态及转换规则、触发合约执行的情景（如到达特定时间或发生特定事件等）、特定情景下的应对行动等。区块链可实时监控智能合约的状态，并通过核查外部数据源、确认满足特定触发条件后激活并执行合约。①

目前，对于智能合约应用场景的拓展和法律风险的规制成为众

① 韩璇、袁勇、王飞跃：《区块链安全问题：研究现状与展望》，《自动化学报》2019 年第 45 期。

多学者专家热议的话题。其中，既有对智能合约与传统民事合同关系的探讨，也有对代码和法律相互关系的思考，还包括对智能合约带来的风险以及如何规则的研究。但不可否定的是，智能合约技术带来的变革既冲击着原来的法律体系，也创新了法律规制的思路，还为我们创造了更多的应用场景。

二、区块链集成演进

区块链技术发展至今，一般认为已经过了区块链 1.0、区块链 2.0 时代，目前区块链 3.0 时代正在不断深入发展。但以上三个阶段并非依次实现，而是共同发展、相互促进的过程。

区块链 1.0 是以比特币为代表的虚拟货币的时代，主要具备的是去中心化的数字货币交易支付功能，目标是实现货币的去中心化与支付。主要代表了虚拟货币的应用，包括支付、流通等职能。

比特币是区块链 1.0 最典型的代表，经过发展，后来涌现出了大量的山寨币等。在虚拟货币受到投资者极大追捧的过程中，既催生了大量的货币交易平台，也使得区块链的发展得到了欧美等国家市场的接受。因比特币实现了货币的部分职能，能够实现货品交易，从产生之初就为世界各国勾勒了一个宏大的蓝图。所以，人们相信未来的货币不再依赖于各国央行的发布，而是依赖于虚拟数字货币进行全球化的货币统一。不过，区块链 1.0 只满足虚拟货币的需要，存在极大的局限。即使区块链 1.0 的蓝图很庞大，但也无法普及其他的行业中。

区块链 2.0 是基于智能合约的区块链技术支持更加复杂的表达能力，可以简称为智能合约时代。智能合约最初的概念于 1993 年由尼克·萨博（Nick Szabo）提出，区块链技术实现的智能合约将人、法律、虚拟世界之间复杂的关系程序化，而且合约内容明确、无法被篡改，数字资产交易、数字空间实体交互的过程借助智能合约在实现了可信互联的区块链构成网络环境中得以进行。部署于区块链上的智能合约代码是公开但是受区块链加密机制保护的，像现实世界的合同文书一样，智能合约的公开让参与方获得了彼此的信任，这种信任建立过程很好地解决了中心化信任机制问题，无须第三方权威参与①。

区块链2.0的代表是以太坊。以太坊是一个平台，它提供了各种模块让用户用以搭建应用。平台之上的应用，其实也就是合约，这是以太坊技术的核心。以太坊提供了一个强大的合约编程环境，通过合约的开发，以太坊实现了各种商业与非商业环境下的复杂逻辑。以太坊的核心与比特币系统本身没有本质的区别。以太坊的本质是智能合约的全面实现，支持了合约编程，让区块链技术不仅仅是发币，而是提供更多的商业、非商业的应用场景。可以说以太坊=区块链+智能合约。

区块链相对于金融场景有强大的天生优势。举例来说，如果银行进行跨国的转账，可能需要打通各种环境：货币兑换、转账操作、跨行问题等。而区块链实现的点对点的操作，避免了第三方的介入，直接实现点对点的转账，提高了工作效率。并且，智能合约可以更宏观地对整个市场去中心化，可以转让包括比特币在内的许多不同的资产，并通过转让来创建不同资产单元的价值。进而，所有的金融交易都可以被改造成在区块链上使用，包括股票、私募股权、众

---

① 徐晓兰：《区块链技术与发展研究》，《电子技术与软件工程》2019年第16期。

筹、债券、对冲基金和所有类型的金融衍生品：期货、期权等。

区块链 3.0 是指区块链在金融行业之外的各行业的应用场景，能够满足更加复杂的商业逻辑，足以推动更大的产业改革。目前，区块链正为各种行业提供解决方案，在促进数字经济和可编程社会治理等方面发挥着越来越重要的作用。因此，区块链 3.0 被称为互联网技术之后的新一代技术创新。

区块链 3.0 也是价值互联网的内核。区块链能够对每一个互联网中代表价值的信息和字节进行产权确认、计量和存储，从而实现资产在区块链上可被追踪、控制和交易。区块链 3.0 主要应用在社会治理领域，包括了身份认证、公证、仲裁、审计、域名、物流、医疗、邮件、签证、投票等领域，应用范围扩大到了整个社会，区块链技术有可能成为“万物互联”的一种最底层的协议。区块链 3.0 涉及生活的方方面面，将更加具有实用性，赋能各行业，不再依赖于第三方或某机构获取信任与建立信用，能够通过实现信任的方式提高整个系统的工作效率。

区块链 1.0 是区块链技术的萌芽，区块链 2.0 是区块链在金融、智能合约方向的技术落地。而区块链 3.0 是为了解决各行各业的互信问题与数据传递安全性的技术落地与实现。

近年来，中央屡提“新基建”，2020 年 4 月 20 日，国家发改委创新和高技术发展司司长伍浩正式回应关于新型基础设施的概念。他认为新型基础设施包括三方面，其中之一就是信息基础设施。主要是指基于新一代信息技术演化生成的基础设施，比如，以 5G、物联网、工业互联网、卫星互联网为代表的通信网络基础设施，以人工智能、云计算、区块链等为代表的新技术基础设施，以数据中心、智能计算中心为代表的算力基础设施等。而5G与区块链也可以相互赋能，共同发展。

5G是一种数据传输速率高、传输时延低、网络覆盖广，并且允许海量设备接入的新一代无线通信网络技术，其发展的核心宗旨是实现万物互联的社会经济体系，构建一个智能数字化社会。5G创造的万物互联智能世界，将为区块链带来万亿级市场机遇。

5G赋能区块链具体体现在两个方面：第一，5G技术的发展将扩展区块链的应用范围。首先，表现在促进区块链在物联网中的应用。5G的高速率将解决物联网架构中的数据传输问题。区块链产业应用无法商业化的一大瓶颈就是物联网硬件终端的不成熟，联网设备的物理性能瓶颈。5G为区块链在物联网设备中的应用提供了有力支持。5G网络将助推物联网技术的大幅增长，提供承载海量数据所需的基础设施，从而实现一个更智能、更互联的世界。随着物联网和5G时代的到来，人类一定可以进入一个智能机器时代，在一个机器的时代，区块链是令我们人类可以和机器和谐共存的一个机制。在机器时代到来的情况下，我们需要一个基于区块链的智能合约，这个智能合约是机器仍然可以按照人类的意识去有序工作的前提和保障。其次，5G可以极大提升区块链的性能。区块链的点对点分布式存储与计算系统将消耗大量网络资源，5G可以促进区块链将边缘计算的网络资源充分利用，并且其低时延特性也将极快地提升区块链数据同步效率。5G落地后，可使硬件端到端之间的网络通信速度大幅提升，在保持区块链去中心化程度的同时，实现更快的交易处理速度。

区块链赋能5G体现在数据安全与共享层面。区块链技术通过加密的手段达到信息隐私保护、历史记录防篡改、可追溯等能力。适用于对数据保护要求严格的场景，如金融领域。此外，区块链促使5G实现真正的点对点的价值共享与流通。5G的超密集异构网络结构需要大量的小基站来进行支撑。《“5G+ 区块链”融合发展与应用白皮书》指出，利用区块链技术构建的网络基础设施，可以促进通信运营商间的基站共享、频谱动态管理和共享，调动用户将身边的电子产品打造成可以进行传输的微基站，实现宏微基站的协作。在当前通信运营商网络建设资金压力下，通过区块链去中心化、安全、智能合约的特点，实现运营商间及运营商与用户间网络基础设施、资源的共享，帮助通信运营商广泛建立5G相关基础设施，推动5G的快速落地和发展。同时，区块链是在分布式部署的架构下，由节点在链上来确权和分发，将促使点对点的价值交换成为可能，大大提升了终端交易的效率，降低交易成本。

5G虽然打破了4G的瓶颈，但是依然存在数据信息泄露等安全隐私问题。将区块链与5G结合，5G的优势可以解决区块链中传输时延高、扩展性差等问题，同时利用区块链技术中信息保护、防篡改和可追溯的优势来弥补5G的安全问题。

5G时代是一个万物互联的时代，不仅是人与人之间互联，也包括人与物、物与物之间的通信。同时伴随着区块链、边缘计算、人工智能、大数据和云计算的兴起，物联网也迎来了一个新的机遇。5G利用其特点使得物联网广泛应用，物联网利用区块链安全特性提高自身性能。区块链技术的核心是分布式计算，以及分布式计算环境下的群体可信协作机制，这为解决物联网面临的可扩展性、协作能力、信任关系与安全保护等方面的挑战提供了崭新的思路和解决方案。区块链可以应用在物联网的很多领域，特别是在智能合约兴起后，将区块链技术应用在车联网、智慧城市、智能电网、智能家居、可穿戴设备、供应链管理、物联网农业等领域的研究更是一股热潮。2019 年 11 月 6 日，中国通信标准化协会发布了《“物联网 + 区块链”应用与发展白皮书》，梳理了区块链赋能物联网行业的各领域应用案例，对区块链与物联网融合发展提出了建议。

不可否认，区块链能够起到组织、激励、信息共享的作用，但作为单独技术的发展，其功效是有限的，还需要与 5G、物联网等技术相互融合，共同构成数字经济的基础设施，才能与更多实体活动相连接，才能够更有力地为实体经济服务，促进更多的场景应用落地，改变社会治理、生产制造、民众生活等各个方面。

第三章

区块链技术模式与功能特征

区块链技术的分类根据不同的标准，有不同的划分方式。以开放程度来划分，可分为公有链、私有链和联盟链；按应用范围划分，可分为基础链、行业链；按原创程序划分，可分为原链、分叉链；按照链与链的关系来划分，可分为主链和侧链；按层级关系可以划分为母链、子链。[1] 优势各有不同，可供不同场景选择使用。目前区块链开发平台层出不穷，图 3-1 列举了一些当前主流区块链应用开发平台。

① 孙善勇、张玉清：《区块链技术》，《首都师范大学学报（自然科学版）》2020 年第 41 期。

一、公有链、私有链、联盟链

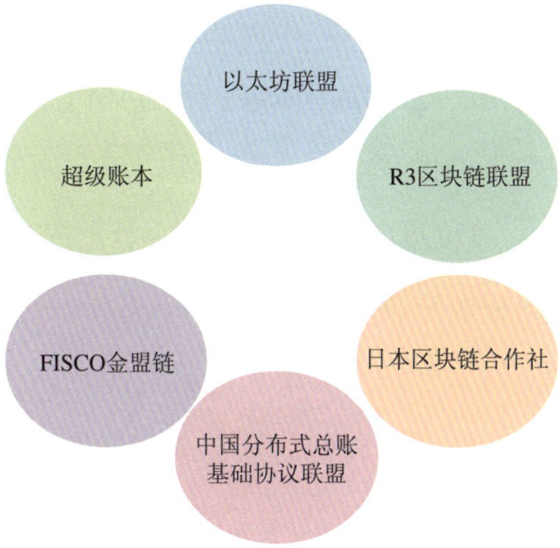

图3—1　主流区块链平台①

区块链类型中最基础的是公有链、私有链、联盟链。公有链最早出现，是最能体现区块链理念的一种类型。针对当下的需求场景和公有链的一些问题，具备联盟属性的联盟链开始被推向市场。私有链是开放程度最低的一种类型，仅供内部人员使用。

1. 公有链（Public Blockchain）

公有链是面向公众的、任何人都可以参与其中的一种区块链类型，是全世界任何人都可以随时进入系统中读取数据、发送可确认

① 孙善勇、张玉清：《区块链技术》，《首都师范大学学报（自然科学版）》2020年第41期。

交易、竞争记账的区块链。在公有链中，没有一个中心服务器，也没有一个官方的组织或管理机构，链上的所有节点可以自由进行交易，不受其他节点控制，每个节点之间通过共识机制保持一致性。[①] 公有链是一种完全去中心化的区块链类型，它通过密码学原理来保证交易不可篡改、验证交易信息，通过代币机制来鼓励参与者竞争记账，来确保数据的安全性，又在彼此独立的网络环境中建立共识机制，从而形成去中心化的信用体系。没有任何个人或者机构可以控制或篡改其中数据的读写。在公有链中，最常用的共识机制有工作量证明（Po W）或权益证明（Po S），一般比较适合于电子货币、电子商务、互联网金融等应用场景。

公有链最典型的例子是比特币和以太坊的智能合约，由于公有链高度去中心化以及链上所有的信息完全公开的特点，比特币和以太坊的智能合约链上数据不能被随意篡改。但是公有链也有弱点，吞吐量低，交易速度慢，因此效率较为低下，成本相对较高。就像比特币区块链，它每秒钟只能处理 7 个交易，在网络拥堵的情况下，交易速度更慢，有时候一笔交易甚至需要几天才能完成。

2. 私有链（Private Blockchain）

私有链是指其写入权限由某个组织和机构控制的区块链，参与节点的资格会被严格限制。它是一种中心化的区块链类型，它所有的权限由这个中心化的组织和机构来控制。私有链一般应用于企业内部的系统，所以它的运作规则要根据企业的具体要求进行设定，

① 龚鸣：《区块链社会：解码区块链全球应用与投资案例》，中信出版社 2016 年版，第 21 页。

比如企业的数据库管理系统、审计系统等。私有链跟传统中心化的数据库对比，最大的价值主要是可以提供更加安全、透明、可追溯的平台，对于来自内部和外部的数据安全攻击进行有效防范。

由于参与节点是有限和可控的，因此私有链往往可以有极快的交易速度、更好的隐私保护、更低的交易成本、不容易被恶意攻击，并且能做到身份认证等金融行业必需的要求。私有链交易速度快，交易成本低，并且安全性较高，但并非真正的去中心化，因此只能应用于企业内部，用于数据管理、审计等金融场景，蚂蚁金服、央行发行的数字货币就是私有链。①

3. 联盟链（Consortium Blockchain）

联盟链是指有若干个机构共同参与管理的区块链，每个机构都运行着一个或多个节点，其中的数据只允许系统内不同的机构进行读写和发送交易，并且共同来记录交易数据。联盟链是一种共识过程受到预先设定节点控制的区块链类型。联盟链只限于预先选定的联盟成员参与，每个联盟成员作为一个节点，各个节点在链上的权限按联盟共同制定的规则来设定。联盟链是一种多中心化的区块链系统，它的整个网络由全体联盟成员共同维护，通过各联盟机构的网关节点接入网络，共识过程由预先选好的节点来控制。② 联盟链一般多采用权益证明（PoS）或 PBFT、RAFT 等共识算法，比较适合于机构间的交易、结算或清算等 B2B 场景，例如在银行间进行支付、

---

① 孙善勇、张玉清：《区块链技术》，《首都师范大学学报（自然科学版）》2020 年第 41 期。

② 付凯、倪平、曹元：《区块链安全测试方案研究》，《信息通信技术与政策》2018 年第 294 期。

清结算的系统就可以采用联盟链的形式。

联盟链和私有链之间的设计隐私权限会有不同，联盟链中的权限设计要求往往会更为复杂。联盟链也叫许可链，它是一条半公开的区块链，只有特定成员才能参与记账权限和维护治理，可以自主选择是否发行通证。在安全性上，联盟链更注意隐私安全，因此它比公有链更为安全，在可信度上，由于行业间能互相监管，因此它比私有链更为可信。在成本上，联盟链上的交易只需被几个受信的高算力节点验证就可以了，无须全网确认，因此交易成本更加低廉。目前，联盟链最具代表性的应用场景是政务公开、溯源，以及信息安全领域。联盟链也不同于完全去中心化要求的公有链，其更适合无须大量消耗算力资源的分布式一致性算法。在区块网络中推选出一个主节点，来完成产生新区块、广播节点交易信息等工作。

由于私有链和联盟链都需要授权加入和访问，私有链和联盟链也被称作许可链。

表 3—1　公有链、联盟链、私有链对比表

类型	特征	优势	承载能力	适用业务
公有链	去中心化 任何人都可参与	匿名 交易数据默认公开 访问门槛低 社区激励机制	10～20 笔/秒	面向互联网公众，信任基础薄弱且单位时间交易量不大
私有链	中心化 公司/机构内部使用	性能较高 节点可信 易落地	＞1000 笔/秒	特定机构的内部数据管理与审计、内部多部门之间的数据共享，改善可审计性
联盟链	多中心化 联盟机构间参与	性能较高 节点准入控制 易落地	＜1000 笔/秒	有限特定合作伙伴间信任提升，可以支持较高的处理效率

二、主链、侧链、跨链

1. 主链

主链可以理解为正式上线的、独立的区块链网络。主链又称主网。

通常区块链，尤其是公有链都有主网和测试网。主网是区块链社区公认的可信区块链网络，其交易信息被全体成员所认可。有效的区块在经过区块链网络的共识后会被追加到主网的区块账本中。区块链的主链是侧链存在的前提和基础。

2. 侧链

2013 年 12 月由比特币社区提出。由于比特币本身或者某一区块链本身的机制存在一些问题，但是直接在比特协议或者比特币链条上进行修改，又容易出错，而且比特币区块在一直不断运行，万一出错了涉及的资金量太大，这种情况下，诞生了侧链。从本质上来说，侧链机制，就是一种使货币在两条区块链间移动的机制，它允许资产在比特币区块链和其他链之间互转，降低核心的区块链上发生交易的次数。侧链（Sidechains）实质上不是特指某个区块链，而是指遵守侧链协议的所有区块链，该名词是相对于比特币主链来说的。

侧链旨在实现双向锚定，让某种加密货币在主链以及侧链之间互相“转移”。以比特币为例：通过侧链技术，比特币可从主链“转移”到其他区块链之上，并在“转移”后的区块链上使用，同时还能安全“返回”主链；整个过程比特币保持着相同的价值。所以说，侧链的概念是相对主链而言的；只要符合侧链协议，所有现存的区块链，如以太坊、莱特币、Zcash 等都可成为侧链。

严格来说，侧链不是区块链的一种类型，它只是在现实应用中，开发者对区块链的一种延伸（扩展），而特别取了个绰号。目前，市场上公开的虚拟货币系统，绝大多数都是基于比特币系统进行规则修改或扩展而来的，因为比特币的设计规则已十分固定，难以做出较大修改和扩展，于是这些代币系统的开发者们干脆以比特币平台为基础，重构出一条区块链，然后使用新的规则，发布新的虚拟货币，这条重构出来的区块链就被称为侧链。普遍认为能和比特币区块链进行交互，并能与比特币挂钩的区块链就是侧链。

简单来说，就是在某个主链外面，开发一个私有的小链，这个私链与主链之间有交互。主链和私链之间可以做币的转换。

3. 跨链

跨链，就是通过一个技术，能让信息和价值跨过链和链之间的障碍，进行直接的流通。

区块链是一种分布式总账。一条区块链就是一个独立的账本，两条不同的链，就是两个不同的独立的账本，两个账本没有关联，本质上价值没有办法在账本间转移，不同区块链就会形成一个个价值孤岛。但是对于具体的某个用户，不同区块链之间的信息交互与价值转移问题亟待解决。因为用户需要价值的流通，即在一条区块链上存储的价值要能够变成另一条链上的价值。

在区块链的应用发展过程中，各种应用平台互不兼容，衍生出多种类型的区块链，各大公司专注搭建自己的区块链平台，久而久之各个链之间就变成信息孤岛、价值孤岛。若想实现链与链之间的价值互通，只能通过技术的发展去实现，随即瑞波提出了跨链技术（inter-blockchain，ILP）的概念。跨链技术解决了不同链间资产与数据等跨链操作问题，在过去几年里已经有许多尝试和发展，跨链的主要模式包括哈希锁定①、公证人机制②、侧链③与中继技术④等。

跨链就是让一条链上的代币转移到另一条链上，而区块链上的代币不仅是一种价值，也是一种信息。跨链交易是一种价值的交换，既要保证信息流的精确性，更要保证双向价值流通的可靠性。如果说共识机制是区块链的灵魂核心，那么对于区块链特别是联盟链及私有链来看，跨链技术就是实现价值网络的关键，它是把联盟链从分散单独的孤岛中拯救出来的良药，是区块链向外拓展和连接的桥梁。

我们都知道，若要创造一个独立的区块链网络，需要一个类似

---

① 哈希锁定是一种依托于哈希函数的单向性与低碰撞性，同时利用区块链中交易可以延时执行的特点而产生的机制。交易方将设置谜题的交易发布到链上，在指定时间内能够解出谜题的一方便能获得交易的质押金。其中，谜题利用哈希锁定实现。

② 公证人机制是技术上可实现的、最简单的跨链机制。引入一方或多方可信实体做信用背书的跨链机制都称为公证人机制。在公证人机制中，一个或一组公证人负责监听链上的事件，并对另一条链采取对应的操作。公证人在跨链的双方链上需要有账号进行交易的协调。

③ 侧链是一个和主链相对独立运行的区块链，其运行依赖于主链。侧链实现的技术基础是双向锚定（two - way peg），通过在侧链和主链中锁定资产，并提供有效验证方式，从而在其主链或侧链上生成或释放等价值的资产。

④ 中继链本质上是公证人和侧链机制的融合和扩展。

计算机互联网的互联平台，而区块链系统中也需要跨链平台来实现各个场景应用以及各种异构链的互操作性。目前，已有许多跨链平台项目正在研究中，如 Cosmos、Polkadot 等项目。但是，目前的跨链研究仍处于初期阶段，要达到真正的商业应用级别，还有许多难点需要解决。

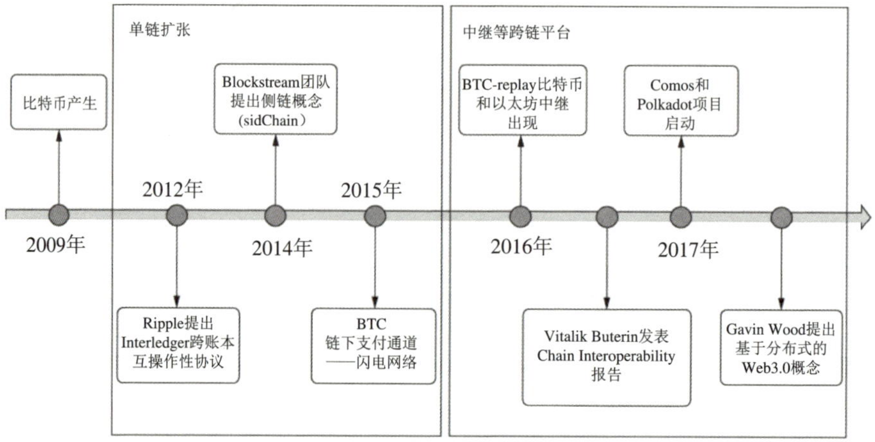

图 3—2　跨链技术发展历史线①

① 郭朝、郭帅印、张胜利、宋令阳、王晖：《区块链跨链技术综述》，《物联网学报》2020 年第 4 卷第 2 期。

第四章

区块链技术标准与行为准则

区块链作为一种颠覆性的创新应用模式，其广泛的应用在创造价值的同时也带来了挑战，尤其是现阶段各行业缺乏核心的理念和基本技术共识，使得行业发展呈现碎片化[1]。再者，区块链的安全性也是制约区块链技术广泛应用的核心问题。因此，相关技术标准和行为准则的制定对于全球区块链技术发展具有重要意义。

① 周平、唐晓丹：《区块链标准化现状及发展趋势研究》，《信息技术与标准化》2017 年第 3 期。

一、区块链技术标准

区块链相关标准按照应用对象的不同可分为四大类：密码算法和签名标准、框架技术标准、行业应用标准和测评认证标准。目前，国内外标准化组织、联盟协会、研究机构等已将区块链标准化提上议事日程，开展了组织建设、标准预研等一系列工作，并取得了一定进展。

在密码算法和签名标准方面，国际标准密码算法已经较为成熟，代表算法有 DES、AES、RSA、SHA 系列等。此外，区块链技术中椭圆曲线数字签名算法（ECDSA）是使用椭圆曲线密码（ECC）对数字签名算法（DSA）的模拟，该 ECDSA 算法 1999 年成为 ANSI 标准，并于 2000 年成为 IEEE 和 NIST 标准。目前，我国已经建立了较为完善的国产密码算法体系，SM2 椭圆密码算法、SM3 哈希密码算法、SM9 标识密码算法和祖冲之密码算法都可为区块链技术提供核心支持。截至 2018 年 12 月，相关国密算法行业标准约有 19 项。

除了加密算法，我国在基于 PKI 体系的数字签名标准制定方面也进行了大量工作，为我国区块链企业开发相关应用提供了坚实基础。截至 2018 年 12 月，国内已颁布实施的数字签名标准约有 20 项。

在区块链技术标准方面，国内外标准化组织在近两年纷纷加快了区块链标准化工作。区块链技术的迅猛发展从2016年才开始，相应的标准化工作也正处于起步阶段。2016年以来，国际标准化组织纷纷研究或启动区块链标准化的相关工作，在标准化前期研究、组织建设和标准研制等方面取得了一些进展。ISO将区块链看作一种颠覆性技术，能够使国家之间便利地共享政府与商业、商业与商业之间的金融、法律等各类信息。[①] 随着标准化筹备工作的推进和完成，国际国内标准化组织对标准化工作的布局初步落定，可以预见，未来一段时间区块链标准化将进入关键的发展时期，标准研制等工作将加快进程，将有更多研制成果出现。

自2016年起，推动区块链技术的统一标准建设，积极构建区块链技术安全标准逐渐成为我国发展区块链技术的重要内容。我国区块链标准体系起步较晚，尚处试探建设阶段。我国在区块链行业标准方面，初步形成以工信部为主导，相关附属机构配合的标准制定模式。

在区块链技术架构标准方面，2016年，中国信息通信研究院数据中心联盟发起可信区块链工作组，展开《可信区块链》系列标准制定。2016年，中国电子技术标准化研究院在《中国区块链技术和应用发展白皮书（2016）》中提出了国内首个区块链标准体系框架。该标准体系框架从过程和方法、可信和互操作性、信息安全等方面考虑，将区块链标准分为基础、过程和方法、可信和互操作、业务和应用、信息安全五个大类。

---

① 周平、唐晓丹：《区块链标准化现状及发展趋势研究》，《信息技术与标准化》2017年第3期。

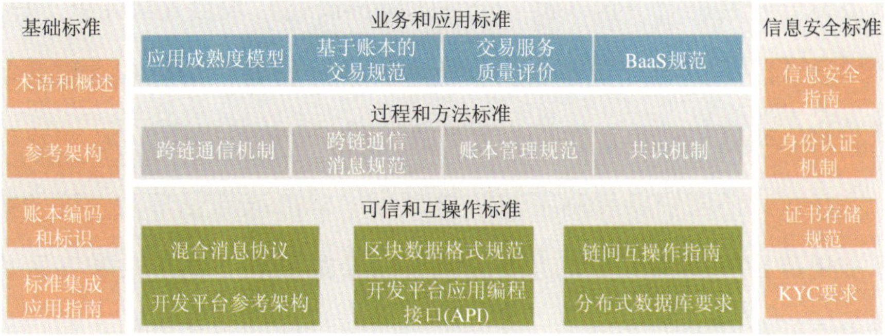

图 4—1　区块链标准体系框架

2017 年，在杭州国际博览中心举行的区块链技术应用峰会暨首届中国区块链开发大赛成果发布会上，中国区块链技术和产业发展论坛发布了论坛标准（团体标准）《区块链和分布式账本技术参考架构》，给出了区块链相关的重要术语和定义，规定了区块链和分布式账本技术的参考架构以及典型特征和部署模式，系统描述了区块链的生态系统及生态系统涉及的角色、子角色及其活动构成的功能视图。同时，由中国主导开展名为《区块链和分布式记账技术中的数据流动和数据分类》的新工作项目研究；2018 年 1 月，《信息技术区块链和分布式账本技术参考架构》作为区块链领域的首个国家标准获批立项；2018 年 3 月，中国电子技术标准化研究所提出筹建全国区块链和分布式记账技术标准化技术委员会；2018 年 4 月，中国区块链生态联盟宣布成立《区块链平台一般技术要求（暂定名）》和《区块链企业服务能力一般要求（暂定名）》标准起草工作组，并在 2018 年 10 月发布《区块链平台一般技术要求》团体标准，推动标准研制工作。

在区块链安全标准方面，2018 年 4 月，全国信息安全标准化技术委员会开展了对《区块链安全技术标准研究》项目立项评审工作。2018 年 11 月，《区块链平台安全技术要求》行业标准正式立项并起草，将明确区块链平台面临的主要威胁和安全体系架构。

在对具体应用场景制定的区块链应用标准或规范方面，这一类标准规范目前极少，研究进展缓慢，以金融系统和电子政务等区块链重要行业应用场景为例，应用效果的评价标准主要体现在使用效率、运行成本与合规性等方面，相对忽略了底层支撑技术的结构与标准。如在电子政务领域的合规性标准即纳入国家信息安全等级保护的信息系统必须满足国家信息安全等级保护的有关要求，按照《GB/T 22239 信息系统安全等级保护基本要求》规定，等保三级及以上信息系统应采用两种或两种以上组合认证技术实现用户身份认证。同理，在涉及电子签名相关应用时，合规标准为《电子签名法》中对可靠电子签名的 4 项基本要求和国家密码管理局《商用密码管理条例》中对商用密码产品的科研、生产、销售和使用实行专控管理的规定。2017 年，全国信息安全标准化技术委员会大数据安全标准特别工作组启动了《虚拟电子货币安全技术标准研究》项目，后改名为《基于区块链技术的虚拟电子货币安全技术标准研究》，该项目调研了虚拟电子货币的国内外发展情况，总结了虚拟电子货币的业务模型和技术架构，分析了虚拟电子货币面临的安全风险，提出了虚拟电子货币安全技术框架和标准化建议①。2018 年 9 月，国家互联网应急中心（CNCERT）主导的《基于区块链数字版权管理安

① 黄永洪、王惠莅、伍前红：《区块链安全及标准化》，《信息技术与标准化》2018 年第 3 期。

全要求》国标标准成功通过立项。我国区块链标准制定工作目前以团体标准为主，各团体组织正在积极部署区块链标准研究工作，并初具成果，由于区块链技术尚处于高速迭代中，相关标准也需要保持快速更新，因此区块链国家标准的制定要结合现有区块链技术发展形势，不断创新完善。

我国还积极主动参与国际上区块链技术规则的制定，为区块链技术标准贡献中国智慧和提供中国方案。2017 年 10 月 17—19 日，中国信息通信研究院和人民银行数字货币研究所联合代表我国产业界向国际电信联盟标准化部门（IT U－T）的分布式账本焦点组（FG DLT）提交了“可信区块链：一个分布式账本技术评估框架”（Trusted Blockchain：an assessment framework for distributed ledger technologies）的技术提案。现阶段设立分布式账本技术的评价准则，无论是对于推动技术成熟，还是帮助用户进行技术选择，都有十分重要的意义。此外，ISO/IECJTCI、W3C、机构贸易交流国际证券协会的欧洲分部等组织都对区块链标准化及其重点方向提出了建议。2017 年11 月 ISO/TC 307 第二次会上，在国际标准化组织（ISO）有关区块链术语和概念、参考架构、分类和本体等 8 项国际标准立项中，我国分别承担了分类和本体的编辑以及参考架构的联合编辑任务。为填补国际上区块链参考架构标准的空白，中国区块链技术和产业发展论坛研制了《信息技术区块链和分布式账本技术参考架构》（征求意见稿）。2018 年 10 月 11 日，为推进区块链团体标准研制，加速区块链应用落地与质量保障，由中国区块链生态联盟委托赛迪（青岛）区块链研究院牵头发起，联合中国软件行业协会区块链分会、中国软件评测中心、北京天德科技有限公司、北京太一云科技有限公司、华为软件技术有限公司等20余家单位共同起草发布了《区块链平台基础技术要求》团体标准。主体部分包括总体要求、区块链数据、共识机制、加密机制、智能合约、账户管理、API及扩展能力等内容。2020年3月2日，中国区块链生态联盟区块链安全标准工作组正式成立并召开第一次工作会议。会议决定由区块链安全标准工作组牵头，拟制定《公有链技术安全标准》《联盟链技术安全标准》。

我国区块链相关标准研制工作从2016年开始起步，并在2017年至2018年快速展开，目前已经基本形成多个团体区块链标准，区块链国家标准也在筹划中，一系列相关标准将加快推出，从而推动区块链产业市场规范化、标准化发展。虽然，我国区块链技术标准制定工作在稳步推进，但是我国在区块链技术上的标准还不够完善，相关标准数量严重不足。只存在有限的企业标准和团体标准，缺少国家标准和行业标准，缺少一套评价区块链系统产品的指标体系和评价方法，也缺少国家标准、行业标准和团体标准等各类标准之间的衔接配套。①

此外，区块链测评认证指标仍需完善，测评工作亟待全面开展。区块链的去中心化和性能之间平衡仍然是当前区块链技术发展的难点和行业焦点，亟须制定权威的区块链测评指标。全面开展区块链测评工作，探索合适的评估方法有助于行业客观认识区块链产品功

① 王斌、潘洋、王敏燕、邱博文、金文韬：《区块链所需标准研究》，《大众标准化》2019年第4期。

能及性能，去伪存真，脱虚向实。目前，我国区块链测评指标制定主要由各团体主导，缺乏权威机构认证，现阶段区块链产品测试工作仅在局部开展，测评工作仍待全面铺开。①

最后，评价机构和人才队伍亟待建设。评价机构和相关人才的缺乏使得区块链技术第三方评价工作无法有效开展，不利于提高区块链技术应用服务于实体经济的能力和水平。因此，亟须独立、客观、专业的评价机构和人才队伍建设，从而保证客观和公正地对区块链技术进行评价，促进区块链技术健康发展。综合来看，从行业层面甚至国家层面推动区块链第三方评价机制的建设，有助于推动区块链技术有序、健康和长效发展。②

我们要加快推进区块链标准科学制定，从顶层设计着手区块链标准制定工作，建立并不断完善包括基础、数据、技术、平台/工具、管理、安全和应用等方面在内的区块链标准体系，加强国际标准化交流与合作，再通过试点验证标准的有效性和可操作性，真正提升我国区块链技术规则的研制能力和水平，争取主导参与国际标准制修订工作，推动我国优势技术转化为国际标准，提升我国参与全球区块链技术竞争的实力和影响力。

---

① 中国区块链生态联盟、青岛市崂山区人民政府、赛迪（青岛）区块链研究院：《2018—2019 年中国区块链发展年度报告（下）》。

② 中国区块链生态联盟、青岛市崂山区人民政府、赛迪（青岛）区块链研究院：《2018—2019 年中国区块链发展年度报告（下）》。

二、区块链行为准则

各国都注意到了区块链技术可能带来的人类社会变革，并且在积极探索和进行区块链技术在各行业的落地实践。除了在金融领域的率先应用，区块链技术因其去中心化、不可篡改、匿名性等特点，在越来越多产业实现了场景应用，推动了产业变革。明确区块链技术的本质，大力发展区块链技术，已经成为越来越多国家的共识。但在区块链技术应用发展中，也暴露出许多风险，需要加以指引。

自2017年以来，比特币、以太币等加密货币的不断暴涨，ICO作为加密货币的发行渠道，开始受到社会的普遍关注。ICO就是“代币发行融资”，即吸收大量的包括比特币在内的各种虚拟货币，其基本原理与股票的首次公开发行（IPO）类似，完全是一种未经批准的公开非法融资的行为。随着ICO非法融资活动的大量涌现，投机炒作盛行，严重扰乱了经济金融秩序，大多ICO涉嫌违法犯罪。针对此投机行为，2017年9月，中国人民银行、中央网信办、工业和信息化部、工商总局、银监会、证监会、保监会国家七部委联合下发《关于防范代币发行融资风险的公告》（以下简称《公告》），及时采取措施，制止了代币发行融资的非法活动，《公告》正式将ICO的本质定性为非法融资。

此外，区块链作为一项新兴技术，具有不可篡改、匿名性等特性，在给国家发展带来机遇、给社会生活带来便利的同时，也带来了一定的安全风险。当前，社会上一些不法分子通过“区块链”的概念与传播领域的结合，传播大量的违法有害信息，实施网络违法犯罪活动。当前，一些区块链项目存在不切实际的宣传和炒作，特别是有不少所谓科技金融类项目，其本质上根本没有真正利用区块链技术，却打着区块链的旗号招摇撞骗。为明确区块链信息服务提供者的信息安全管理责任，规范和促进区块链技术及相关服务健康发展，规避区块链信息服务安全风险，为区块链信息服务的提供、使用、管理等提供有效的法律依据。2019 年 2 月 15 日起，我国首部《区块链信息服务管理规定》（以下简称《规定》）开始实施，《规定》详细界定了区块链信息服务的使用范围、提供者与使用者的行为准则，确定了有关部门的监管规则与处罚措施。

2017 年，由国家互联网应急中心发起成立的互联网金融专家委员会发布了一份《合规区块链指引》，该指引从三个方面对区块链的合规性进行研究和规范：一是在技术层面规范区块链关键底层技术，包括密码机制、密钥管理、共识机制、智能合约、互联互通、访问控制等，作为区块链系统安全、稳定和可靠运行的基石；二是在业务应用层面规范区块链相关业务开展，包括信息披露、身份认证、投资者保护、反洗钱、监管对接、网络信息安全等，防范潜在风险；三是合规区块链管理指引，包括互联网金融监管、数字货币、ICO 监管、供应链金融监管、食品安全监管、版权保护监管、公益慈善监管、数据服务监管等。

除了 ICO、利用区块链宣传违法有害信息此类已经被明令禁止的行为，在区块链技术的应用发展中，许多隐患未必能够被及时发现并处理。从目前已有的规范性文件来看，我国还缺少国家层面和更多行业层面的区块链技术行为准则，所以，加快推动建立区块链行业行为准则和区块链具体应用领域行为准则应该成为我国区块链风险防范的重要方向。

在未来全球科技的竞争与合作中，区块链技术安全势必是影响其健康发展和持续创新的前提和基础。为抢占技术高地和防患于未然，共促全球区块链技术的安全有序发展，国际区块链行为准则的建立也必不可少。世界经济论坛目前正在制定区块链行为准则，该准则将在 GitHub 上发布以征求意见，将为在区块链网络上构建应用的需求提供基准。我国也应该推动国内区块链技术行为准则的建立，争取参与全球区块链行为准则制定，增强我国参与全球区块链竞争的综合实力。

三、区块链监管规则

为比特币等数字货币提供支持是区块链的设立初衷，但事实上，区块链的作用远不止于此：其还为解决人际关系由来已久的信任问题提供了新思路。区块链的两个主要价值主张分别为：避免依赖中央行为主体和在相互猜忌的个体中建立普遍诚信。这无疑会带来革命性的社会影响，与解决信任问题相关的领域都可以成为区块链技术的应用领域。但是我们利用区块链技术解决信任问题，必须防范区块链技术应用过程中可能产生的风险，要及时发挥监管的作用。

因此，建立适用于区块链技术的监管规则，是区块链健康有序发展的必由之路。区块链行业发展需要监管不断完善，监管让发展有底线，让市场保持有序前进。目前，我国正致力于建立国内的区块链监管规则，进一步发挥标准规则、检测认证作用，构建涵盖行业监管、社会监督、协会自律、机构自治的金融科技创新管理“四道防线”。其中，对区块链监管必须考虑两个范畴，既要将其作为监管对象也要将其作为监管手段；尤其始终不可忽视区块链技术与法律的相互关系，区块链技术的规范和创新发展，既需要代码法律化也需要法律代码化，而如何具体实现法律代码化和代码法律化是我们未来必须考虑的方向。我们要积极探索区块链监管规则的完善，不断提升我国对区块链技术的监管能力和监管水平，为我国参与区块链技术国际治理规则的制定获得更多话语权和影响力。

第五章

区块链技术产业生态

我国区块链产业在过去十年中得到了发展，基本上形成了一个相对成熟的产业链，在国家政策推动和下游应用需求不断增加的条件下，中国区块链产业的市场规模不断发展，区域集中度比较高，产业集群效应相当明显。随着区块链技术的日益成熟，区块链行业整体发展加速。

从架构设计上来看，区块链可以简单地分为三个层次，即基础设施层、技术扩展层和垂直应用层，它们相互独立但又不可分割。基础设施层主要包括基础协议和硬件设备。基础协议是区块链技术的基础，它维护着网络节点，构建网络环境、搭建交易通道以及制定节点的奖励规则。区块链相关硬件设备主要包括比特币矿机设备等。技术扩展层目前大致可以分为两类：一类是数字货币方向，主要指各类虚拟货币平台，用户通过这类平台进行虚拟货币与法币之间的兑换；第二类是扩展应用开发，衔接垂直应用，可以为某个特定的内容生产商提供定制服务，这将是区块链技术重要的发展方向，例如智能合约。垂直应用层的产品是可以真正直接使用的产品，但大规模在行业内使用的产品目前几乎是空白。数字货币钱包是当前垂直应用层最简单、最典型的代表。

根据应用方向和场景不同，以上三大层次又可以细化出多个细分领域，加上作为信息媒介平台的区块链媒体社区，我国区块链技术产业图谱由此形成。

一、底层基础设施

图 5—1　我国区块链技术产业图谱

底层技术与基础设施层主要提供区块链最底层的协议代码和基础硬件设施。

1. 开源底层平台

在区块链世界中存在着“不可能三角”，即“分布式程度”“可扩展性”和“安全性”，三者最多只能同时满足其中两项。而企业级应用无论在时效性还是确定性方面要求都比 C 端应用高得多，在保证安全性的前提下，“高效”是企业级区块链应用的首要需求。在这样的前提下，在分布式程度上作出一些牺牲可能是企业目前需要作出的妥协。因此企业级区块链的基础设施主要为联盟链。全球知名的开源联盟链底层有 Hyperledger Fabric、Corda、Quorum、BCOS 等，这些底层的代码均已开源，企业及联盟可以根据自身需求进行修改，以适应各自的业务逻辑。

（1）Hyperledger。

Hyperledger（超级账本）是 Linux 基金会于 2015 年 12 月发起的开源区块链项目，旨在通过提供支持不同用途组件的模块化框架，集中开展许多独立工作来开发开放协议和标准，推动跨行业区块链技术的发展，帮助企业更容易地建立企业级区块链解决方案。目前已经有近 300 家企业、组织加入，既包括 IBM、Intel、百度、华为等 IT 巨头，也包括荷兰银行、埃森哲、澳新银行等金融机构，其中中国会员数量超过 30 家。

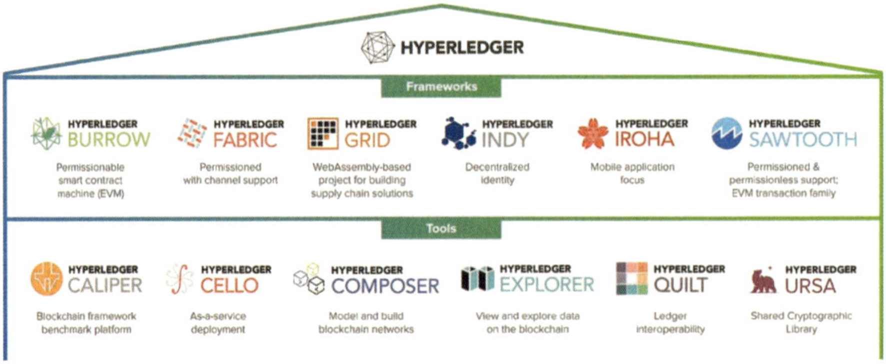

图 5—2　Hyperledger 孵化框架

Hyperledger 集多项目及多方参与者于一身，其下孵化有 12 个商用区块链和分布式账本项目，包括 Fabric、Burrow、Iroha、Indy、Quilt、Cello 和 Sawtooth 等。Fabric 是目前 Hyperledger 项目下人气最旺的区块链底层平台，其受欢迎程度之高以至于人们常常把 Hyperledger 与 Fabric 相互指代，但其实 Hyperledger 是一系列的区块链开源项目的总称，而 Fabric 是真正可投入使用的联盟许可链底层平台的名称。Fabric 从 2016 年 3 月开始孵化，由 IBM 开发，主要用于运行智能合约，其特点是提供了一种模块化、可扩展的架构，利用可靠的技术以及可插拔方式来实现银行、医疗、供应链等各种商业应用场景。从孵化至今，Fabric 已经发布了多个版本，也被全球各大巨头广泛采用，如沃尔玛、马士基、VISA 等。可以说，Fabric 是目前应用最广的区块链底层技术方案，也是联盟链领域中具有国际影响力的主流技术。

（2）Corda。

Corda 是由 R3 组织推出的分布式账本底层。R3 区块链联盟成立于 2015 年 9 月，首批创始成员有 9 家，包括英国巴克莱银行、西班牙对外银行、澳大利亚联邦银行、瑞士信贷银行、瑞士联合银行集团、苏格兰皇家银行、美国道富银行、摩根大通集团和高盛集团。随后又有纽约梅隆银行、花旗集团、德意志银行、汇丰银行、日本三菱 UFJ 金融集团、加拿大皇家银行、法国兴业银行、中国平安集团等全球金融巨头加入 R3 联盟。中国信通院云大所副所长魏凯先生曾指出，截至 2019 年 11 月，R3 联盟成员数量已达到 386 个，是全球成员数量最多的区块链联盟。由于 R3 成员均来自金融行业，其推出的 Corda 平台也主要针对金融服务行业的业务场景而设计。

2016 年 8 月，R3 正式发布了 Corda 白皮书，希望建立一个由相互不信任的节点所组成的分布式账本，组成一个具有全局性的数据库，用于存储金融机构和个人之间交易和债务的状态，保持各个独立账本之间的数据同步，并提出这将消除目前金融行业存在的大量需要人工并且耗费时间的工作，降低人们的金融服务成本。目前，Corda 已经实现了银行间的跨境支付、贸易融资、商业票据交易等业务场景的落地。

（3）Quorum。

Quorum 平台由企业级以太坊联盟（Enterprise Ethereum Alliance，EEA）创始成员摩根大通（J. P. Morgan）开发。EEA 由 500 多个成员组织组成，力求引导一种基于以太坊的标准区块链设计，推动以以太坊为基础的区块链技术在企业级场景中应用，但不直接提供代码，Quorum 平台是其官方承认的技术基础。

Quorum 平台是在以太坊的基础上开发的企业级分布式账本和智能合约平台，早在 2016 年就启动，适用于需要高速交易以及高吞吐量处理联盟间进行私有交易的应用场景，主要是为了解决区块链技术在金融行业应用的特殊挑战而设计。其最大的特点是可以提供私有智能合约执行方案，使用密码学技术来防止交易方以外的人看到敏感数据，更加注重隐私性。该解决方案需要一个单独的共享区块链和一个智能合约框架与以太坊原始代码的修改组合。其中智能合约框架对隐私数据进行了隔离，参与方节点和非参与方节点在调用同一个合约地址的 API 时将会得到不同的结果，从而达到隐私合约数据只被参与方共享的目的。

目前，路易威登、星巴克咖啡、州立农业保险公司、USAA 保险公司、VAKT 和 IHS 马基特公司等机构均已经利用 Quorum 平台开发了有关区块链应用，摩根大通则利用这一平台开发了用于全球支付中信息共享的银行间信息网络系统以及用于自身金融服务结算的稳定加密货币 JPM Coin。

（4）BCOS。

BCOS 是聚焦于企业级应用服务的区块链技术开源平台，由微众银行、万向区块链、矩阵元三方共同研发，并于 2017 年 7 月完全开源。BCOS 平台通过集成身份认证、非对称加密算法、引入技术治理功能、支持全面的监管审计功能等举措，可顺应多个行业的应用需求，尤其适合金融业务要求。2017 年 12 月，金链盟推出了 BCOS 的金融升级版本 FISCO BCOS。金链盟是由深圳市金融科技协会、深圳前海微众银行、深证通、腾讯、华为、中科院等金融机构、科技企业、学术机构等组成的非营利性组织，成立于 2016 年。目前成员数量超过 100 个，几乎全部来自中国，因此 FISCO BCOS 更适合中国企业的需求。

目前，BCOS 平台已经支持了数百个应用项目，其中已经投入商业应用的项目有数十个。覆盖范围包括以交易清结算、供应链金融、数据存证、征信、场外市场等为代表的金融应用领域，以及司法仲裁、文化版权、娱乐游戏、社会管理、政务服务等其他行业应用领域。2016 年 8 月，微众银行联合上海华瑞银行，基于 BCOS 平台的早期版本推出了“微粒贷”备付金管理及对账平台，这也是国内首个在生产环境中运行的银行间的联盟型区块链应用场景。2017 年上半年，上海万向区块链也基于 BCOS 平台开发了一个供应链金融服务平台，以优化应收账款融资流程。2019 年 7 月，人民网基于 FISCO BCOS 区块链技术推出“人民版权”平台，实现数字版权确权、监测、侵权取证、诉讼的全流程线上化和自动化。

2. 公共基础设施

虽然目前联盟链底层技术已经较为成熟，但各企业用户在应用区块链技术的过程中，常常面临成链成本高昂、底层平台异构、数据无法交互等困境，阻碍了区块链应用的落地。比如，在联盟链运行的过程中，需要有节点网络贡献服务器资源，而各个企业都需要从零开始部署节点网络所需要的成本，并不是每个企业都能承担这一成本，且节点并不需要每时每刻都工作，在不工作时，节点的资源就浪费掉了。这一情况催生了区块链公共基础设施。

区块链服务网络（Blockchain - based Service Network）（以下称为服务网络 或 BSN）是一个基于联盟链技术和共识信任机制的全球性基础设施网络，由中国国家信息中心、中国移动通信集团公司、中国银联股份有限公司、北京红枣科技有限公司共同发起。BSN 致力于改变目前联盟链应用的高成本问题，以互联网理念为开发者提供公共区块链资源环境，依托已有的网络资源和各省市数据中心，建立遍布全国的城市公共节点，形成服务全国的区块链服务平台。火币中国与中国联通、中国电信、人民网、招银国际等 14 家单位，成为 BSN 首批联盟成员。截至 2019 年 12 月，BSN 已经在全国建立了 100 个公共城市节点，以及中国香港和新加坡节点。预计在 2020 年正式运营时，服务网络的城市节点数目将达到 200 个，并开始在其他国家进行城市节点的部署。目前，BSN 内测版本已经发布，可适配开源的底层框架 Hyperledger Fabric 和 FISCO BCOS，未来还将适配更多的联盟链底层框架。

2019 年 12 月 31 日，中国移动设计院联合杭州移动，发布了基于 BSN 核心技术的“BSN 区块链专网产品”。通过在 TCP/IP 传输的内网或局域网之上搭建一层区块链应用的运行环境，业务系统方利用统一 ID、统一网关和统一管理，直接接入专网内提供的区块链环境接口，即可实现业务系统的区块链升级和改造，无须再为每个应用搭建单独的区块链环境。目前，BSN 政务专网已在杭州城市大脑平台成功部署，完成了“城管道路信息及贡献管理”“酒店消毒管理”“1call 积分管理”“内部最多跑一次”等多个应用上链，形成了可复制推广的示范经验。

现有的开源区块链底层已经相对成熟，我们预计，未来更多的 BaaS（Blockchain as a Service）平台以及垂直行业应用将主要基于这些开源项目进行演化。同时，多方协作、希望引入更多参与者的开放式项目也都将保持开源的趋势。另外，类似 BSN 的公共区块链基础设施将极大地加速区块链应用落地，如果该平台运行得顺利，将产生极大的示范效应，引起其他联盟的效仿。

二、区块链解决方案服务方

市场上的区块链技术服务方主要分为两种，一种是自带场景的，通常是集团公司下属的子公司或独立部门，他们的区块链技术服务优先服务于集团公司原有业务的区块链改造需求，在具备一定的规模和基础之后也可对外提供服务；另一种则是以第三方的形式提供区块链技术解决方案，通常是比较纯粹的区块链技术公司，没有其他实体业务，因此他们的落地案例没有行业的局限，完全根据客户的需求进行定制。

1. 自带场景的区块链解决方案服务方

近几年，大量企业巨头及自带场景的解决方案服务商进入区块链行业，并由自身集团的应用场景入手，进行解决方案的研发和试验。目前，已经有部分企业的解决方案在商业环境中落地，并达到可以大规模应用的程度。这里我们主要以中国企业为例，介绍这类企业的区块链技术进展。

（1）阿里巴巴。

阿里巴巴一直是我国乃至全球区块链专利申请数量最多的公司，累计申请数量已超过 1000 条。基于阿里自带的应用场景，其区块链技术已有多个落地案例，比如：

天猫：在 2018 年“双十一”大促活动期间，蚂蚁金服与天猫商城以及菜鸟物流合作，对 1.5 亿件商品进行溯源。目前平台累计交易量超过 3 亿笔。

蚂蚁金服公益平台：利用区块链技术，公示捐赠资金的流向和全程记录，公开透明、不可篡改，可提高捐赠人信心、加强具象捐赠感受，实现高公信力的阳光账本，使公益慈善事业朝着良性循环的方向发展。

阿里健康：阿里健康在常州市医联体推出的区块链试点，利用区块链技术解决医疗机构间数据互通。

鹊凿：作为阿里原创保护计划的行动之一，支付宝的区块链技术首次应用在淘宝商家服务平台上，上线了商家可信数字存取证工具“鹊凿”。卖家秀通过“鹊凿”一键上链，500 万商品图片版权信息 1 秒登记在链，有效防止了其他平台商家盗用、侵权。

蚂蚁金服跨境汇款：2018 年 6 月，蚂蚁金服开通了第一条基于区块链的跨境通道，实现了中国香港和菲律宾之间秒级到账的汇款体验。2019 年 1 月，蚂蚁金服又在马来西亚和巴基斯坦之间开通了第二条通道。

除自有场景以外，阿里也推出了其 BaaS 平台：蚂蚁区块链。蚂蚁区块链是蚂蚁金服自主研发的具备高性能、强隐私保护的金融级区块链技术平台。平台致力于打造一站式服务，有效解决金融、零售、生活等多场景区块链应用问题。通过更加可靠、安全、高效的平台服务，使合作伙伴可轻松搭建各类业务场景。

（2）腾讯。

腾讯目前在区块链领域有两大产品，一个是由腾讯金融科技推出的区块链底层平台 TrustSQL，主要致力于区块链应用的底层支撑和定制化的应用落地，是一款包含有数字资产、鉴证证明、共享账本和分享经济属性的区块链产品。另一个是由腾讯云推出的区块链即服务平台 TBaaS，致力于降低企业使用区块链的门槛，并探索区块链在各行业的应用解决方案。TBaaS 平台集成了 Hyperledger Fabric、FISCO BCOS 和 TrustSQL 三大底层平台，极大地降低了企业在实现区块链底层技术的成本。

目前，腾讯凭借自身在区块链领域的技术优势，已经为多个行业制订了自己的解决方案，其落地应用包括：

区块链电子发票：深圳市税务局携手腾讯落地的区块链电子发票项目“税务链”，将“资金流、发票流”二流合一，将发票开具与线上支付相结合，打通了发票申领、开票、报销和报税全流程。解决了“假票真开，真票假开”等传统发票领域的痛点，同时也更便于税务机关对发票进行审查和追溯。目前深圳市已开出超过 1000 万张区块链发票，金额超 70 亿元。

微企链：微企链是由腾讯区块链技术支撑的安全可靠的供应链金融解决方案，腾讯将其定义为“供应链金融 + 区块链 + ABS 平台”。微企链在运行不到一年的时间内，已服务核心企业 71 家，接入合作银行 12 家，服务领域涵盖地产、能源、汽车、医药等。完成链上流水达百亿级别，穿透供应商层级大概一两级，与传统银行贷款相比能降低 2 到 8 个点的利率。

至信链：至信链由中国网安、腾讯、北明软件联合发起，建立了由电子数据到电子证据的可信数据通道，为商业机构解决电子数据易篡改问题，为司法机构解决电子证据难认定问题。至信链直通司法，可提供高效的证据存储、便捷的证据采信、广泛的司法业务应用。

公益寻人链：腾讯“公益寻人链”已连接“404 寻亲广告”“广点通寻人”“电脑管家寻人”“手机管家—小管寻人”“优图寻人”“微信小程序寻人”等各个腾讯内部公益平台进行数据互通。丢失孩童的家人只需要在任何一个救助平台登记信息，可基本实时同步到所有以上救助平台中，从而提升了救助效率和成功率。

原创馆：腾讯区块链团队与中国网安、公证处等公信力机构合作，直通法院。多方共同见证版权归属，更具有公信力、权威性，提升维权的效率与成功率。

（3）百度。

百度超级链 XuperChain 开放网络是基于百度完全自主研发的开源技术搭建的区块链基础服务网络，由分布在全国的超级联盟节点组成，符合中国标准，为用户提供区块链应用快速部署和运行的环境，以及计算和存储等资源的弹性付费能力，直接降低用户部署和运维成本，让信任链接更加便利。超级链基于可插拔的共识机制、DAG 可并行计算网络和立体网络，真正突破当前区块链的技术瓶颈，为区块链的广泛应用铺平道路。

超级链是一个区块链操作系统，它支持大量平行区块链的运行。每条区块链支持链内并发和侧链技术。类比传统的操作系统有进程和线程，那么在超级链的定义里，平行链就是进程，侧链就是线程。超级链提出了超级计算节点的概念，利用超级计算机和分布式架构，解决区块链网络算力和存储问题。同时采用 DAG 网络结合侧链和平行链技术，实现了最大限度利用并行计算力的核心技术。

（4）京东。

京东智臻链 BaaS 平台提供全面的区块链即服务功能，从企业和开发者角度出发，提供多种部署形式，既能灵活部署，又可安全易用，基于流行的 kubernetes 技术，提供高可靠可扩展的区块链平台。依托自身业务优势，京东区块链防伪追溯平台已有超 13 亿条上链数据，700 余家合作品牌商，5 万以上 SKU 入驻，逾 280 万次售后用户访问查询（截至 2019 年 2 月底）。借助京东大数据技术，基于用户扫码行为提供精准营销服务，从而提升订单转化率、复购率，在保障商品品质的同时提高企业营收。结合京东闭环的供应链物流体系，实现真正的全程追溯。

（5）中国平安。

壹账链 FiMAX 是平安集团旗下金融科技公司金融壹账通（已于 2019 年 12 月 13 日在美国纽交所上市）自主创新构建，拥有多项知识产权、性能卓越的区块链 BaaS 技术平台。壹账链 FiMAX 通过全球独创的全加密框架，以及重塑区块链隐私保护机制的 3D 零知识证明算法，助力机构及企业用户构建分布式商业网络生态。平台为企业用户提供区块链网络创建、运营、管理、监控、安全等一站式服务，帮助用户快速构建和拓展区块链商业生态。

（6）万向。

万向区块链是万向集团的区块链事业群。2015 年，万向集团金融板块中国万向控股有限公司在区块链技术领域开始了战略性布局，成立了国内首个区块链研究机构——万向区块链实验室。由以太坊创始人 Vitalik Buterin 担任首席科学家。实验室致力于区块链技术研究和普及，通过翻译出版区块链丛书、举办全球峰会、参与区块链标准制定等方式，全力推动行业发展。目前，万向区块链旗下包含万向区块链实验室、新链空间、技术中心、分布式商业应用事业群等，在区块链领域的累计投入已超过 10 亿元人民币。万向区块链专注区块链技术研究并坚持核心技术创新，与矩阵元共同打造的以隐私计算为特色的新一代联盟区块链平台—— PlatONE，已在 GitHub 开源并在实际产品中投入使用。同时，万向区块链积极推动区块链的落地应用发展，利用技术和资源优势为各行业客户提供区块链解决方案和产品，已有多个解决方案成功落地，如区块链供应链金融平台、汽车整车物流管理平台“运链盟”等。万向区块链致力于构建一个充满活力的区块链生态圈，从技术、资金、资源等多方面全力推动中国区块链行业发展和业务落地。

2. 独立的区块链解决方案服务商

除了各类巨头企业，区块链行业也存在众多独立的技术解决方案服务商。比如埃森哲、华为、IBM、微软等众多技术服务和软件服务龙头都已经推出了 BaaS（Blockchain as a Service，区块链即服务）解决方案。除了这类传统技术公司，还存在更多的专注于区块链技术服务的服务商，比如美国的 Bloq 公司，中国的趣链、井通、云象、布比、火币中国等。我们在这里主要以中国的服务商为例介绍该领域的进展。

（1）趣链科技。

杭州趣链科技有限公司成立于 2016 年，专注于区块链技术产品与应用解决方案开发。多年来开发了数款区块链服务产品，如趣链国产自主可控区块链底层平台、数据共享与安全计算平台 BitXMesh、区块链开放服务平台飞洛 FiLoop、供应链金融平台飞洛供应链 FiloLink、存证服务平台飞洛印 FiloInk、智能合约安全研发平台 MeshSec 等。其中“飞洛供应链金融项目”分别入选为“2019 年优秀区块链解决方案”和“2019 年优秀区块链应用案例”，是基于趣链科技自主研发的区块链底层技术打造的标准化、可拓展、低成本接入的供应链金融 SaaS 平台。

趣链科技的团队 90% 以上为技术人员，其中 6 人具有博士学位，120 余人具有硕士学位，可以看出公司拥有非常强大的研究和开发实力。迄今为止，趣链科技提供区块链解决方案的案例见表 5—1。

表 5—1　趣链科技应用案例（部分）

应用领域	合作单位	产品
应收账款	浙商银行	应收款链平台
信用保险	爱心人寿	用信用保险手段控制风险及增信融资
存证溯源	中国银联、光大银行、浦发银行	多中心可信 POS 电子签购单系统
电商融资	中国农业银行总行	涉农互联网电商融资系统
公证摇号	杭州互联网公证	区块链摇号平台
电子医疗	复星金服区块链团队与健康云	区块链电子处方项目
养老金	中国农业银行、太平养老保险	首条养老金领域的联盟链

（2）火币中国。

火币中国致力于引领区块链行业的产业升级，以区块链技术赋能各个行业领域，依托火币研究院、火币大学、产业赋能中心，打造区块链行业全生命周期专业服务，为行业提供定制化解决方案，共同构建区块链应用新经济实体。

火币中国针对不同行业实际情况，进行区块链场景应用研究，整理出详细的案例供学习借鉴；根据客户的实际情况和在区块链领域的应用需求，给予从战略定位、方案制订到技术落地的全方位全流程服务，运用区块链+思维影响和推动传统企业区块链+转型。目前已与湖北邮电规划设计有限公司（00552. HK）、倚强科技股份有限公司（股票代码：3219）、吉宏股份（股票代码：002803）、天音控股（000829. SZ）、思银股份（股票代码：430152）、中信商管等多家上市公司分别在区块链测试平台、多媒体、快消、彩票、能源和地产等领域开展深入合作。已落地运营的项目如与海南银行、椰云网络共同开发运营的椰子积分平台。2019 年 8 月，椰云平台上线，成为国内首个积分区块链监管平台，截至 2020 年 2 月，积分流水突破 3600 万，上链日志超 18 万条；与思银股份（股票代码：430152）联合打造的以区块链技术为基础，面向广大消费者和民营加油站的加油智能服务平台，2019 年 6 月上线至 2019 年 8 月仅两个月时间，已有 170 家加油站加盟，覆盖超过 20 万用户，充值订单数近 3 万笔，交易总金额超过 3 亿元；与珠海华发集团旗下华发七弦琴国家平台发起的珠海国际知识产权交易中心合作开发了基于区块链的一站式知识产权服务平台；与劳特斯辰艺术空间结合区块链技术和通证经济思想联合推出的劳特斯辰平台通用积分等。

（3）井通科技。

无锡井通网络科技有限公司（以下简称井通科技），是国内第一批基于自主区块链技术开发的高科技创新型底层技术平台公司。

2011年由硅谷华人科学家组建了中国第一个区块链研发团队，2014年正式推出可支持商业应用的底层技术平台，2015年承建世界500强公司委托的国内首个基于区块链技术的商业应用。井通科技已经在纽约、北京、上海、贵阳、深圳、青岛、无锡建立了分支机构，在继续加快研发井通链的升级迭代的同时，正在全国范围内广泛与产业融合，探索发掘区块链技术落地项目。目前，有落地项目93个，同时具备私链、云链、联盟链、子链等多层次、全方位、一站式服务能力，已推出六大行业应用和20余个行业解决方案，拥有26项国内发明专利，井通区块链每秒处理速度达5000TPS。2019年初，井通公链落地商业应用项目真实用户数突破百万。

（4）云象。

杭州云象网络技术有限公司（以下简称云象）成立于2014年，是一家全球领先的区块链基础设施服务商，是中国最早从事区块链技术研究与商业应用的团队，是中国商业银行体系首个跨机构区块链基础设施建设单位。由云象提供区块链基础设施支撑的“全功能区块链福费廷交易平台”（中国银行、中信银行、民生银行联合发布）入选了“2018年金融信息化10件大事件”；清华大学互联网产业研究院、工信部赛迪区块链研究院等联合发布的“2018中国区块链企业百强榜”，云象排名第一位；由杭州市人民政府、中国投资发展促进会主办的第三届万物生长大会，云象入围“2019杭州准独角兽企业榜单”。

云象已落地的区块链解决方案有卫计委健康医疗基础平台（浪潮集团）、区块链防伪平台（兴业银行+中小型商业银行）、区块链国内信用证流转平台（中国民生银行、中信银行、苏宁银行）、区块链福费廷资产交易集市（中国民生银行、中信银行、中国银行）、区块链股权交易平台（香港交易所）、区块链金融产品发行审核系统（浙江金融资产交易中心）、泽金供应链金融平台（深圳市前海泽金互联网金融服务有限公司）等。云象是中国最早一批专注于区块链解决方案的服务商之一。

（5）布比。

北京布比网络技术有限公司（以下简称布比）是一家国内领先的区块链金融科技公司，专注于区块链技术和产品的创新，已经拥有数十项核心专利技术，开发了高可扩展、高性能、高可用的区块链基础服务平台，具备快速构建上层应用业务的能力，满足大规模用户的场景。

布比区块链已经广泛应用于贸易金融、股权债券、供应链溯源、商业积分、联合征信、公示公证、电子发票、数据安全等领域，并正在与交易所、银行等主流金融机构开展应用试验和测试。以多点信任为核心，致力于打造新一代价值流通网络。布比已落地的区块链解决方案有布比区块链数字资产网络（布萌）、区块链供应链金融网络（壹诺金融）、股权资产管理平台（股管家）、可追溯的品质供应链平台（物链）、公信刻数字公示平台服务商（数链）等。

（6）太一云。

北京太一云技术股份有限公司（以下简称太一云）成立于 2015 年，是中国新三板第一家区块链上市企业的全资子公司，是全球区块链领域的领先企业。太一云已经在供应链金融、商品溯源、知识产权、股权交易、电子病历、交通运输、公益、能源等领域形成了一批专业解决方案。典型应用有与北京国际版权交易中心联合发起并推出的基于区块链技术的版权登记、确权、评估、交易、公证等功能的“中国版权链”；与中国食品工业（集团）公司、中华思源工程扶贫基金会及数家优质食品企业共同建立的“中国食品链”，并由多个地方监管机构共同维护；为国家互联网应急中心打造的基于区块链的供应链系统“中国供应链”；与中国交通运输部通信信息中心、中国信息通信研究院、中国互联网交通产业创新联盟、西南交通大学综合交通大数据应用技术国家工程实验室和广东联合电服数据科技股份有限公司联合发起的“交通运输链”等。

（7）复杂美。

杭州复杂美科技有限公司（以下简称复杂美）成立于 2008 年，2013 年启动区块链、智能合约的研发与创新，2014 年申请中国第一个区块链发明专利——钱包找回功能。目前已累计申请了 300 多项区块链技术的发明专利。2019 年据德温特专利家族统计，复杂美区块链发明专利排名位于全球第三位，仅次于阿里巴巴和 IBM。

复杂美以区块链底层平台为基础，与多家世界 500 强企业开展区块链项目合作，在票据、供应链金融、积分、仓单等领域有区块链应用落地。合作案例有美的金融（区块链票据，供应链金融，供应链管理）、京东金融（供应链金融）、金储（仓单数字化）、微软（微软云上平行链架构快捷部署）、国家电网（积分商城，授信登记）、上汽集团（物流跟踪）、中轻投资（供应链金融）、海航海平线海票惠（区块链票据）、小米（供应链金融）等。

在区块链上升到国家战略的背景下，短期内各家区块链技术服务商业务量都会上升，进入一个快速发展的阶段。在政策和资金双重支持下，政府和企业都会积极探索与区块链结合的应用场景。而好的技术服务商数量有限，且单个项目开发周期长，将导致短期内技术服务商供不应求。长期来看，自带场景的技术团队优势更明显，独立技术供应商可能开启末位淘汰制。大型公司旗下的区块链团队由于有集团公司的资金、人才、业务场景等资源支持，做出爆款区块链应用的概率更大。随着越来越多的大型公司自建团队进行区块链的研发，以及部分需求被证伪，独立区块链技术供应商的产能将呈现过剩状态，部分尾部公司将逐渐退出市场。

三、周边服务方

区块链行业的发展必然会带来行业周边服务的繁荣，行业的繁荣也需要周边服务的支持。我们将从安全服务、培训服务、联盟与协会、标准组织这三类周边服务方回顾过去一年中这三类组织在行业中的发展。从过去一年的周边服务方的发展来看，我们认为过往技术行业的发展形态将会在联盟链行业重现。这些周边服务方可以为行业带来新兴的人才，优化行业资源配置，也预示着行业在加速发展成熟。

1. 安全服务

安全服务商的意义主要在于降低区块链平台上线前以及运行过程中的安全风险。

(1) 成都链安。

成都链安科技有限公司是全球最早专门从事区块链安全的公司，也是最早将形式化验证技术应用到区块链安全领域的团队，研发了全球领先的智能合约自动形式化验证平台 VaaS，并基于此，建立了 Beosin“一站式”区块链安全平台，为区块链企业提供安全审计、资产追溯与 AML 反洗钱、隐私保护、威胁情报、安全防护、安全咨询等全方位的安全服务与支持。申请软件发明专利和著作权 15 项。

（2）厦门慢雾。

厦门慢雾科技有限公司，成立于2018年1月，致力于成为全球领先且专注于区块链生态的安全公司，慢雾科技已经为全球多家钱包、智能合约等项目作了安全审计及防御部署。慢雾科技的安全解决方案包括安全审计、安全顾问、防御部署、威胁情报（BTI）、漏洞赏金等服务并配套相关安全产品。在行业内曾独立发现并公布多起通用高风险的安全漏洞，得到业界的广泛关注与认可。

（3）AnChain. ai。

AnChain. ai是总部位于美国硅谷的AI区块链安全公司，其将AI与区块链深度结合，推出了"CAP"和"SAP"两款区块链安全方面的产品。CAP（Contract Audit Platform）是容器化的智能合约审计平台，主要提供智能合约和分布式应用的代码自动审计和专家审计。与智能合约的形式化验证不同，CAP是一个将智能合约平民化的颠覆性产品，它希望成为一个知识库，把所有已经发现的漏洞做成扫描模块，进行快速深度的扫描，从而实现以快速的低廉的价格找出代码的漏洞。SAP（Situational Awareness Platform）是基于威胁情报、AI和知识图谱的区块链态势感知平台，为区块链智能合约及链上交易安全护航。

2. 培训服务

2019年，随着区块链行业的发展，区块链行业的教育也开始呈现出丰富的层次，以满足不同的需求。有针对行业经验的领袖课程，也有针对垂直细分领域的专题培训。同时，大学及学会也开始和产业内的头部公司合作，将各类区块链课程带入大学、企业及政府。

（1）培训机构。

区块链行业的快速发展催生了一批区块链“学校”，大多是由地方政府以及行业内专业的机构、媒体等发起的民间学校，如广州黄埔区区块链培训学院、火币大学、火星大学、巴比特大学等。

以广州黄埔区区块链培训学院为例，它是由广州市黄埔区政府、广州开发区正式批准成立的区块链培训学院，由政府指导，市场化运作，旨在为区块链行业培养领军人才，打造区块链行业的“黄埔军校”。学院集结了近 40 位国内外区块链实力派专家精英组成培训教官，开设区块链精品课程。目前课程包括区块链总裁/COO 研修班、通证经济理论 + 实战课程以及不定期的区块链主题公开课。每年培训 20 名区块链高级总裁、30 名区块链首席运营官、100 名区块链首席技术官和 1000 名区块链从业者。

除了以线下课程为主的大型专业培训机构外，许多平台也都依托各类大型流量网站推出了自己的线上付费课程，但多数以垂直品类和系列视频为主，如区块链入门知识、量化课程、编程课程等，偏向科普和授课。

（2）高校课程。

随着区块链技术的普及，区块链的相关教育事业也从民间走向了高校。在 2019 年，我们可以发现，越来越多的大学已经开始针对本科生及研究生开设区块链相关课程。根据火币研究院的统计，目前已开区块链课程的高校有 14 个，分别为清华大学、北京大学、复旦大学、上海交通大学、浙江大学、中国科学技术大学、南京大学、武汉大学、哈尔滨工业大学、天津大学、西南财经大学、西安电子科技大学、西安交通大学、中国政法大学。除了中国的高校，区块链也早已进入了海外各国高校，如斯坦福大学、康奈尔大学、宾夕法尼亚大学、新加坡国立大学、加州大学伯克利分校、加州大学洛杉矶分校、苏黎世联邦理工学院等都开设了多门区块链相关课程。这类课程将使大学生树立良好的行业及技术认知，促进行业的良性发展。

2020 年 1 月，据教育部官方消息，国家教材委员会印发《全国大中小学教材建设规划（2019—2022 年）》，就该文件的相关问题答记者问中，国家教材委员会办公室负责人表示，在高等学校教材建设方面，将打造一批反映世界先进水平的自然科学教材。适应新形势，瞄准国家战略需求，围绕人工智能、大数据、区块链、网络空间安全、环境科学、海洋科学、能源科学等领域，集中力量编写一批新教材。

3. 联盟与协会

随着区块链相关的专利及落地应用的不断增加，区块链行业也开始诞生了越来越多的行业联盟。其中一部分区块链联盟来自原有的各类机构和协会，比如工信部、商务部、中国计算机学会、中国通信工业协会、中国电子商会、中国电子商务协会、中国通信学会、中国工业与应用数学学会等政府部门及权威行业协会都纷纷下设区块链专业委员会，专门负责区块链在各领域的技术研发、标准制定、应用落地及推广等。同时，大量新的区块链产业联盟也陆续成立，如区块链专利联盟、BSN 联盟等。国内产业联盟成立的推动力主要有三个方面，分别为技术资源整合、应用场景整合以及专利资源整合。通过联盟来推动区块链技术成为行业落地的一大趋势。

技术资源整合的联盟通常由行业领先的企业或者政府部门牵头推动成立。虽然区块链应用的场景较多也复杂，但许多底层技术相通，特别是联盟链技术。这些产业联盟能够有效地提升区块链技术资源的利用效率。通过产业联盟方式入局区块链是传统互联网巨头进入区块链的一种有效方式。

基于应用场景的合作通常以区域来划分。例如，腾讯于 2018 年底牵头成立了深圳区块链产业联盟，并出任理事长单位。该联盟由中国质量认证中心深圳分中心、深圳市腾讯计算机系统有限公司、思力科（深圳）电子科技有限公司、深圳中集智能科技有限公司、众安信息技术服务有限公司、东软集团股份有限公司、链城（深圳）科技有限公司、深圳市标准技术研究院、深圳大学区块链技术研究中心等 24 家企事业单位、高校及机构联合发起，重点致力于推动区块链技术研究、成果转化、应用推广和产业发展。联盟成员来自各个垂直领域的公司，通过产业联盟的方式整合联盟企业的开发资源及应用场景。产业联盟于 2019 年的一大进展就是推进联盟内的标准工作。

基于技术合作也是推动联盟链产生的一大因素，如 BSN 联盟，这个联盟将协调成员间的技术研发、云资源、金融产品及媒体资源，开发全球性的基础网络设施。企业以太坊联盟（Enterprise Ethereum Alliance，EEA）是现在最大的国际区块链开源组织。该组织的愿景为将以太坊开发为企业级的区块链应用。2019 年又有大量的金融机构加入了该联盟，如 LG 集团、KEB – Hana Bank、渣打银行，使得该联盟继续壮大发展。

4. 标准组织

很多影响世界的技术都需要标准组织的支持，显著的例子就是 IEEE（Institute of Electrical and Electronics Engineers 电气电子工程师协会）802 WiFi 标准。在传统行业中，标准活动也是十分重要的商业活动。特别在 ICT 行业中，标准成为行业合作与竞争不可或缺的部分。行业标准不但对行业里的公司有巨大的商业价值，成为行业巨头主导行业的工具，行业标准也能极大地降低行业里的合作成本。区块链的大规模应用也少不了标准的支持。现阶段三大国际标准组织都组成了自有的区块链标准工作组，包括行为类标准及技术类标准。区块链行业标准竞争进入战国时代。

在 2019 年中，国际标准组织的区块链标准有了巨大的进展。我们重点分析现阶段全球三大标准组织 IEEE、IOS（International Organization for Standardization 国际标准化组织）和 ITU（International Telecommunications Union 国际电信联盟）的标准进展。

IEEE 有着标准组织中最丰富的覆盖，涉及的标准非常细分，如基于区块链的物联网数据管理标准、基于区块链的电子发票标准、能源行业区块链应用标准等，更加偏向应用场景。

TC307 是 IOS 标准组织区块链和分布式记账技术委员会。TC 是 IOS 最高层级的工作组，因为国际上公认区块链是跨学科的技术，所以成立了独立的技术委员会。该标准更多涉及的是底层技术。

ITU 中也有不少垂直领域的区块链标准。包括对抗网络威胁的标准、基于 IoT 环境的分布式账本开发标准，甚至电子发票的标准等。

总的来看，IEEE 及 ITU 都已经成立了非常完善的标准工作小组，产出的标准不但有区块链基础技术，也开发出了各自垂直应用场景甚至数字货币及数字货币交易所的行业标准。虽然这些标准大部分都处于开发阶段，但以进展速度看，相信 2020 年会有大量国际标准落地。

值得注意的是，互联网巨头在这些标准组织中也十分活跃，例如，腾讯的区块链电子发票同时在三大标准组织中都申请了相应的标准。这些互联网巨头将传统 ICT 行业的标准策略也迁移到区块链行业中。同时，这类国际级别的标准组织也开始引入区块链行业的专业机构加入相关标准的制定，如火币研究院、Ontology Foundation 等专注于区块链领域的机构均参与了 IEEE 的数项区块链标准制定工作。

国内的标准组织同样也在紧跟国际潮流开展标准工作。2019 年 1 月，由工信部电子第五研究所、中国电子学会、北京航空航天大学等 20 多家单位联合成立的“中国区块链测评联盟”，发布了国内首个《区块链与分布式记账信息系统评估规范》，该规范能为区块链行业服务提供方以及行业用户提供专业、权威的区块链检测认证，有效遏制区块链行业乱象，为中国区块链产业健康有序发展提供有力保障。国内顶级的学术组织在中央政治局的区块链学习后也开始组建各自的区块链专业委员会。工信部对《十三届全国人大二次会议第 1394 号建议的答复》提出将主导建立和国际接轨的区块链行业标准以促进行业的快速发展，并提高国际话语权。国家标准委员会也在 2019 年 11 月宣布成立新的全国专业标准化技术委员会。同时，围绕区块链技术等社会关注的热点领域，国家标准委也加快推动标准化技术组织建设工作，启动区块链和分布式记账技术等一批技术委员会筹建工作，目前正有序推进中。国内顶级的学会，如中国通信学会、计算机学会、中国工业与应用数学学会等都成立了学会下辖的区块链专业委员会。这些专业委员会也将成为标准的潜力军。

四、媒体社区

随着区块链的火热以及产业规模的初步形成，行业内也涌现出了诸如起风财经、IT桔子、深链财经、巴比特、火讯财经、火星财经、荣格财经、链得得、布络克财经、布络客、小雨智媒、大家区块链、三点钟社群、飞鸟社区等一批媒体及社区。IT桔子的数据显示，截至2018年，区块链媒体及社区领域的新公司数量为58家，投资事件数量为28起，融资额多在数百万、上千万乃至上亿级别。其中，仅2018年第一季度该领域就发生了18起投资事件，包括火星财经、虎尔财经、链得得、巴比特等均拿到了投资。区块链媒体及社区也成为当季区块链产业的一个热门投资方向。对于一个新赛道而言，投资人往往会先投资一家行业媒体，用来了解整个行业的信息，以及掌握一定的舆论权，这也是很多投资人选择从投资媒体来入局区块链领域的原因。此外，由于整个区块链产业的价值凸显，财富聚集效应明显，因此在2018年有很多专业的传统媒体人相继进入区块链领域创业，财经、金融界等传统财经媒体开设区块链频道或专栏，这也让区块链相关的内容质量得到很大提升。

目前，区块链媒体及社区领域的创业，主要还是以行业新闻、快讯、深度报道、行情、数据、社区、社群等形式为主，与其他的媒体形式并没有本质差异。从商业模式来看，该领域的公司基本上还是以广告收入为主，另外会衍生出一些相关的培训、活动会务、评级、数据等增值服务，盈利模式也没有超出传统范畴。

随着入局者的增多，僧多粥少的局面很快就会出现。毕竟媒体还是一门流量的生意，而现在很多区块链媒体的发展脉络大体一致，同质化严重。与此同时，整个区块链领域的发展也已经开始趋于理性，对于众多的区块链媒体入局者来说，洗牌期即将到来。最后市场上能够存活下来的区块链媒体及社区，一定是那些传播区块链正能量、真正为用户创造价值、具备独特优势的公司。

第六章

“区块链 +”的应用方向与重点领域

当前，在国家及各部委和各地区政府的大力支持下，在 IT、金融、制造业等多领域企业的共同参与下，我国区块链技术创新持续活跃，产业发展不断加速，涌现出一大批新企业、新产品、新模式、新应用，区块链在金融、政务、能源、医疗、知识产权、司法、网络安全等行业领域的应用逐步展开，正成为驱动各行业技术产品创新和产业变革的重要力量。

金融行业率先应用区块链技术并逐渐趋于成熟。金融行业是区块链技术应用最早、需求最多的领域。未来，区块链应用范围将进一步向政务、物流、医疗、审计、传媒等非金融领域渗透，届时，区块链会在各行业得到广泛应用，社会将全面进入区块链时代，区块链产业规模呈现爆炸式增长。

目前，我国区块链技术产业图谱包括垂直行业应用层、通用应用及技术扩展层、底层技术及基础设施层以及媒体社区。

一、区块链+金融

作为新一代信息技术创新发展的突出代表，区块链技术在比特币等各类数字货币的快速发展中逐渐被各方认识和应用。虽然区块链技术在数字货币领域取得了极大的成功，相关区块链企业和科技巨头亦高度重视区块链核心技术和爆款产品的研发，但从整体上来看，区块链技术应用仍重在探索和尝试，成熟的解决方案和行业应用案例仍然较少。迄今为止，金融领域是区块链技术介入最多，也是需求最大的一个领域。在金融企业和科技企业的共同努力下，2018年，我国金融区块链应用逐步展开，包括区块链在内的金融科技成为金融界产品及业务创新的主要方向，区块链在企业内部的部分业务领域已经开展探索和尝试。据不完全统计，包括四大银行和主要股份制银行在内的国内大型银行均已布局区块链，其中不乏典型的应用案例，主要涉及供应链金融、资产托管、跨境清算、公益捐款、联合放贷等方面的应用①。

1. 区块链+供应链金融

供应链里的中小微企业融资难问题，主要原因是银行和中小微企业之间缺乏一个有效的信任机制。假如供应链所有节点上链后，

① 中国区块链生态联盟、青岛市崂山区人民政府、赛迪（青岛）区块链研究院：《2018—2019年中国区块链发展年度报告（下）》，《中国计算机报》2019年6月7日。

通过区块链的私钥签名技术，将保证核心企业的数据可靠性；而合同、票据等上链，是对资产的数字化，便于流通，将实现价值传递。

在区块链解决了数据可靠性和价值流通的问题后，银行等金融机构面对中小微企业的融资，不再是对这个企业进行单独评估，而是站在整个供应链的顶端，通过信任核心企业的付款意愿，对链条上的票据、合同等交易信息进行全方位分析和评估。即借助核心企业的信用实力以及可靠的交易链条，为中小微企业融资背书，实现从单环节融资到全链条融资的跨越，从而缓解中小微企业融资难问题。

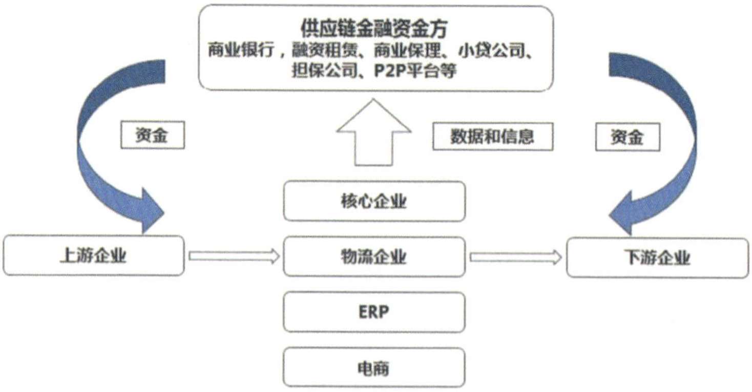

图6—1　供应链金融业务模式

资料来源：中泰证券研究所。

典型应用案例

中国工商银行工银e信网络融资金融服务平台。工银e信基于核心企业的应付账款，是一种可流转、可融资、可拆分的电子付款承诺函，可在平台上自由转让、融资、质押或进行其他处置，支持银行增信并提供无条件保兑服务，为产业链上下游企业注入核心企业信用加成，实现银行资金的全产业链资金支持。区块链记录了工银e信从签发、签收、流转、到期清分等全生命周期的资金流、信息流，通过共识算法解决信任问题，通过智能合约自动执行防范履约风险，其不可篡改的特性保障各环节均可追溯，实现核心企业信用沿供应链条多级传导，盘活供应链应收账款，降低了上游供应商的融资成本。金融机构、供应商、核心企业等各个参与方在区块链技术构成的交易网络节点中进行交易，构建全新可靠的供应链信用体系①。

布比与互联网金融平台钱香合作并共同打造了基于区块链技术的黄金珠宝终端供应链金融平台；点融网和富士康集团旗下金融平台富金通合作推出了 Chained Finance 区块链金融平台。

2018年6月，华夏银行“链通雄安　区块链　供应链”首笔放款成功落地。“链通雄安”以雄安集团信用为基础，以银企直联方式接入雄安集团区块链项目管理平台系统，利用区块链平台数据溯源、行为规范、资金管理等功能，为建设雄安的分包商解决工人工资发放、原材料采购等资金问题。

2018年10月，赛迪（青岛）区块链研究院、青岛地铁金控、齐鲁银行青岛分行和青岛闪收付公司联合编写并发布《区块链+供应链金融白皮书》，将供应链金融、区块链和其他延伸业务有机结合，逐渐延伸至跨境支付、票据、资产证券化、银行征信等领域。

2018年11月，全国首家运用跨境供应链的区块链贸易金融结合运用平台在厦门自贸片区正式上线，标志着厦门市自贸片区在供应

① 中国工商银行金融科技研究院：《区块链金融应用发展白皮书》2020年4月。

链创新与应用试点中有了新的突破。2018 年 12 月，蚂蚁区块链发布“双链通”，破解供应链中小微企业融资难题。

2. 区块链 + 跨境支付

区块链的引入，解决了跨境支付信息不对称的问题，并建立起一定程度的信任机制，带来了两个好处：一是效率提高，费用降低。接入区块链技术后，通过公私钥技术，保证数据的可靠性，再通过加密技术和去中心，达到数据不可篡改的目的。最后，通过 P2P 技术，实现点对点的结算。二是可追溯，符合监管需求。传统的点对点结算存在规模应用，除了信任问题，还有就是存在监管漏洞（点对点私下交易，存在洗黑钱的风险），而区块链的交易透明，信息公开，交易记录永久保存实现了可追溯，符合监管的需求。

目前区块链跨境支付应用出现如下几种探索路径是以数字货币或法币为兑换媒介的：第一是以 R3 为基础的去中心化支付清算组织，在银行之间实现联盟组织，完成不同国家之间的货币流通；第二是以 Ripple 为代表，基于原生的数字货币创建一个跨境支付联盟链的网络；第三是以 SWIFT 为主，在原有中心化网络和成员的基础上进行大致的区块链模式改造；第四是支付宝区块链项目；第五是以招商银行、VISA 为代表的金融机构，自行搭建跨境支付联盟链网络。

典型应用案例

当前，我国银行正在积极探索建立基于区块链的跨境支付系统，招商银行通过区块链技术改造的跨境直联清算已经落地，微众银行等其他金融机构正在积极推动区块链应用拓展到跨境业务领域。中国银联与中国银行合作，由趣链科技提供区块链底层技术，依托银联的“银联速汇”业务，利用区块链平台的安全性和信任机制来管理与记录境外汇款人向境内收汇人汇款的所有关键信息。通过区块链技术使得汇入、转接、收汇机构可以查询到交易流转，在不改变中国银联核心系统的情况下，实现信息的实时同步，将汇款信息查询效率从几十个工作日缩短到秒级①。

2018 年 6 月，支付宝在中国香港上线了基于区块链的电子钱包跨境汇款服务。该服务方案利用区块链分布式账本的特点，在技术上进行分布式处理，给所有参与方提供统一的业务账本，使得各参与方能够同步平行地进行审批，从而加快跨境汇款流程。

2018 年 8 月，中国银行通过区块链跨境支付系统，成功完成河北雄安与韩国首尔两地间客户的美元国际汇款，这是国内商业银行首笔应用自主研发的区块链支付系统完成的国际汇款业务，标志着中国银行运用区块链技术在国际支付领域取得重大进展。

2018 年 12 月，招商银行跨境汇款服务全面升级，组织投产了 GPI（全球支付创新项目）、跨境区块链支付、外汇汇款易、智能自动汇出、“一户百币”等多项新功能，旨在带给客户极致的使用体验，持续打造招行的优质服务。

3. 区块链+票据交易

在电子发票/票据领域，基于区块链的去中心化、不可篡改、分布式共享、隐私保护等特性，可以追溯发票的来源、真伪和报销等信息，解决发票流转过程中一票多报、真假难验等难题。具体来说，

① 中国工商银行金融科技研究院：《区块链金融应用发展白皮书》2020 年 4 月。

区块链技术应用于数字发票系统，可以确保电子发票信息在产生和存储过程中的唯一性，实现确权认证；可以保证企业或个人电子发票上的数据信息在产生和存储过程中无法伪造、不可篡改，确保数据真实；可以从技术层面上建立起不同企业、机构和个人之间的信任。

典型应用案例

2018 年 8 月，国家税务总局深圳市税务局主导，腾讯技术支撑的区块链电子发票“税务链”项目上线。

2019 年 6 月，浙江省区块链医疗电子票据平台上线，该平台由浙江省财政厅发起，利用蚂蚁区块链技术共同推进，旨在优化用户就医流程。

4. 区块链 + 资产管理

数字资产是指企业或个人拥有或控制的，以电子数据存在的，以货币计量的经济资源。无论是数字资产还是实物资产，都存在资产流通性差、融资困难等问题，这些问题或源于资产的物理存在形式，或产生于资产的发行及流通方式。传统的资产服务如资产所有者证明、真实性证明等均需要相应的中介机构介入才可以完成，大量中心化信用和信息中介的存在，既降低了信息传输的效率，也增加了资产服务的成本。资产的流通过程至少需要资产发行方、资产接收方、流通平台三方参与才能完成，因为流通过程中信息不公开、不透明的原因，导致各参与方无法准确掌握资产的历史信息和实时表现，阻碍了资产的定价和评级过程，进而导致市场投资信心不足，降低资产流通性。用区块链技术实现资产数字化后，所有资产交易记录公开、透明、永久存储、可追溯，既可以提升资产流通效率，又便于监管者进行监管。

典型应用案例

当前，我国银行已经关注到区块链在资产托管中的巨大价值，部分银行已经上线了基于区块链的资产托管业务系统。此外，区块链技术服务企业数字资产管理的相关业务也在顺利开展。区块链在数字资产领域的应用主要包括数字积分、资产证券化等。

根据公开信息，2018 年 1 月，中国工商银行、中国银行、上海浦东发展银行和杭州银行等多家银行联合打造的数字票据交易平台成功上线并试运行，该平台已顺利完成基于区块链技术的数字票据签发、承兑、贴现和转贴现业务。

2018 年 8 月，雄安新区专门研发了采用基于区块链技术打造的项目资金管理平台系统，对植树造林参建单位及利益相关单位项目专项资金流向进行实时动态监控。

2018 年 9 月，金融壹账通发布了 ALFA 智能 ABS 平台，用区块链技术穿透底层资产，为场内外 ABS 发行提供解决方案。同月，交通银行成功通过自主研发的区块链资产证券化平台“聚财链”发行市场首单基于区块链技术的个人住房抵押贷款资产支持证券，资产证券化项目信息与资产信息实现双上链，各参与方在链上完成资产筛选、尽职调查、现金流测算等业务操作。

2018 年 10 月，广发证券、广发资管基于区块链技术以及在 ABS 深耕多年的实践经验，推出了自主研发的 ABS 云平台，实现资产精准化、智能化管理，实时化监控。

2018 年 11 月，“京东金融—华泰资管 2018 年第 6 期供应链保理合同债权资产支持专项计划”成功设立并于上交所挂牌转让，这一项目的成功发行意味着京东金融与华泰证券资管、兴业银行共建的联盟链成功实现扩容，可以支持除京东白条之外更多类别的资产证券化项目。还有招商银行信用卡中心 ABS 项目管理平台、徐家汇商城集团 & 百度商圈积分联盟平台、中国银行区块链债券发行系统、平安银行链上数字预付卡服务等。

我国早在 2014 年就开始了央行数字货币的研制。我国的数字货币 DC/EP 采取双层运营体系：央行不直接向社会公众发放数字货币，而是由央行把数字货币兑付给各个商业银行或其他合法运营机构，再由这些机构兑换给社会公众供其使用。2019 年 8 月初，央行召开 2019 年下半年工作电视会议，会议要求加快推进国家法定数字货币研发步伐。2020 年 4 月 14 日，央行数字货币 DC/EP 率先在中国农业银行内测，可能将成为全球第一个由央行推出的数字货币落地。

二、区块链+司法

针对司法机关而言，区块链可以分为司法机关内部链、司法机关外部链、内部与外部结合链。目前，区块链在司法系统的应用主要集中于司法取证、存证、示证领域。电子证据或电子数据存证链应属于司法机关外部链。

在司法取证领域，按照传统的司法取证模式，通常由当事人自己取证，或者由当事人通过司法程序向运营平台方进行取证。由于电子证据的复杂性、多样性、易失性和取证的技术性、可认定性，“取证难”成为一个现实问题。因此，需要国家在立法层面对各类证据的规格、特性进行规范，并发挥区块链技术的防篡改性和可追溯性，畅通取证通道。此举不仅可以方便取证，也有利于存证、示证。

在司法存证领域，按照传统的司法存证模式，通常由当事人自己存证，或者由当事人向公证机关申请公证存证。2018年9月7日，最高人民法院印发了《关于互联网法院审理案件若干问题的规定》，认可了区块链存证在互联网案件举证中的法律效力。在司法实践中，由公证机关主导区块链存证体系的做法值得推荐。同时，可以将部分线下公证事务转为线上公证。例如，合同协议、身份资料、个人履历、遗嘱、文件、档案、图片、音视频、网页等，线上公证可以使其保真保存，具有可信性。

在司法示证领域，如果司法取证、存证环节切实得到了保真、防篡改的保障，那么示证环节只需要解决如何直观、方便地展示证据的问题。

除司法取证、存证、示证领域之外，区块链技术在法院内部也具有广泛的应用场景。例如，电子卷宗、电子档案、裁判文书防篡改，办案过程中重要的操作记录、文件、数据防篡改及干警档案防篡改等①。

典型应用案例

北京市互联网法院以“开放、中立、安全、可控”为建设原则，创新司法存证，目前已完成跨链接入区块链节点18个，并完成版权、著作权、供应链金融、电子合同、第三方数据服务平台、互联网平台、银行、保险、互联网金融等9类25个应用节点数据对接。该平台目前在线证据采集数超过472万条，跨链存证数据量已达上千万条，案件审理中验证跨链存证数据945条，涉及案件58个，认证判决案件1件，促成当事人和解的调解案件41件②。

上海市法院进行试点应用的执行终本智能管理系统，利用人工智能、机器学习、区块链技术，构建了一个完整的终本案件智能管理体系，涵盖了辅助法官规范终本、终本自动核查、终本公示、终本案件后续自动巡查管理等功能。该系统将办案过程记录、终本相

① 曹红星：《区块链技术在司法领域的应用与探索》，《中国审判》2019年8月23日。

② 中国信息通信研究院：《区块链赋能新型智慧城市白皮书（2019）》，2019年11月8日。

关数据及电子卷宗进行上链保真，提高了当事人与社会公众对法院工作的信任度。在规范执法、客观执法、可信执法等方面，建立了长效机制。

与此同时，上海市法院作为最高人民法院推行以电子档案为主、纸质档案为辅的“单套制”试点单位之一，正在将区块链技术引入电子卷宗随案生成和档案管理工作中。此举可以实现从电子卷宗到电子档案的全生命周期安全管理，从而确保案件在立案、分案、审判、结案、归档、执行、上诉申请再审等各环节流转过程中，以及在电子卷宗或电子档案在形成、传输、保存、利用、销毁过程中的安全可信、安全存储、真实防伪、不被篡改。

此外，由上海市高级人民法院牵头开发的、上海公检法司共同使用的刑事案件智能辅助办案平台应用区块链技术，对刑事案件在公安立案、侦查、报捕，检察院批捕、审查起诉，法院审判，司法刑罚执行等环节，进行全流程办理记录及全案证据、全案文书上链。这不仅保障了办案平台数据的安全可靠，也增强了办案机关之间的信任，有利于各机关加强协同合作，提高办案质效。

在行政立法方面，江苏省司法厅利用区块链调取司法、执法等领域法律实施效果数据，进行立法后评估和多维度分析，提升评估的全面性和科学性；在行政执法监督方面，与执法部门共建联盟链，实现链上自动监督；在特殊人群服务管理方面，实时记录管理对象行为，强化内外协同管理教育；在公共法律服务方面，依托区块链打造信息共享共用共信生态，提升服务效能；在矛盾纠纷化解方面，推动纠纷行为上链固证存证，辅助纠纷事实认定。

内蒙古司法厅探索应用区块链“公有链”技术，推进公共法律服务开放透明。除涉密的数据外，把公有链上公共法律服务数据记录公开，促进数据共享、优化业务流程、提升协同效率。同时，通过数据汇总分析甄别，深入了解群众实际需求，推进公共法律服务供给侧改革。内蒙古司法厅已通过建立“私有链”全程固定执法流程，对执法人员和执法行为进行全面真实客观评价。此外，内蒙古司法厅还探索建立公证、司法鉴定“联盟链”，实现电子证据固化及当事人诚信数据共享。

福建省有效应对互联网法院基于区块链技术的电子证据管理平台数据对接的需求，提升公证电子数据和电子公证书的使用便捷性，迎合不断拓展公证业务的需要。近两年来，在完成软硬件设备置备、课题调研和技术研发、人才引进等基础工作后，参与“至信链”项目研究，福建省建成“公证云”，助力智慧司法建设。

山东省司法厅将区块链技术应用到产权公证领域，研发区块链公证平台，设置了“原创保护”“维权取证”“固定电子数据”“申请出具公证书”“区块链功能”等模块，推动将公证服务延伸到知识产权产生、使用流转和权利救济的全过程，进一步简化知识产权电子证据固化、保存、认定流程，实现公证业务随时随地在线申请、线下线上共同办理。

杭州市互联网法院召开首个区块链智能合约司法应用新闻发布会，宣布上线应用区块链智能合约技术。该技术通过打造网络行为“自愿签约—自动履行—履行不能智能立案—智能审判—智能执行”的全流程闭环，提升智能合约执行效率，实现网络数据和网络行为的全流程记录、全链路可信、全节点见证、全方位协作，这是此技术首次应用于中国司法领域。

除了司法机关内部链的全面发展，司法机关外部链也不断涌现。例如，电子合同 SaaS 平台“法大大”联合阿里云邮箱推出了基于区块链技术的邮箱存证产品；众签科技与中证司法鉴定中心合作推出了“存证云”司法鉴定平台；北京合链共赢科技开发的文档存证系统等。2017 年 12 月，微众银行、仲裁委（广州仲裁委）、杭州亦笔科技有限公司共同推出的仲裁联盟链，用于司法场景下的存证；2018 年 3 月，广州首个“仲裁链”判决书出炉。2018 年 12 月，蚂蚁金服“相互宝”首例互助案例使用区块链对参与者资料进行存证。

当前，区块链在电子存证领域应用呈现出三个主要特点：一是该领域的区块链创新创业非常活跃，众多区块链技术服务企业布局电子存证相关区块链产品研发；二是传统存证业务企业积极拥抱区块链技术，加快研发及应用基于区块链的电子存证系统；三是电子存证不局限于同一个行业或场景，应用领域在不断拓展。未来电子存证仍是区块链应用的主要方向之一，传统行业企业与创新型企业有望成为推动区块链应用的核心力量，应用将在司法、互联网等众多关联行业不断展开①。

① 中国区块链生态联盟、青岛市崂山区人民政府、赛迪（青岛）区块链研究院：《2018—2019 年中国区块链发展年度报告（下）》，《中国计算机报》2019 年 6 月 17 日。

三、区块链+社会民生

1. 区块链+物流链

商品从生产商到消费者手中，需要经历多个环节，跨境购物则更加复杂；中间环节经常出问题，消费者很容易购买到假货。区块链天生的开放、透明，使得任何人都可以公开查询，伪造数据被发现的概率大增。物流链的所有节点上区块链后，商品从生产商到消费者手里都有迹可循，形成完整链条；商品缺失的环节越多，将暴露出其是伪劣产品的概率越大。

针对物流领域环节长、角色多、流程复杂等行业痛点，基于区块链技术共识机制和分布式存储机制，通过将所有物流参与者的数据连接并记录到区块链网络中，可以有效解决因物流参与方信任未知和物流信息离散而产生的物流纠纷问题，保证物流的安全性和可靠性。

典型应用案例

当前，我国物流企业已经开始认识到区块链在物流运输领域中的重要价值，但能落地运行的区块链服务系统尚未形成。腾讯、阿里、京东、中通、顺丰等都开始部署区块链与物流领域的应用。2018年3月在海口市举办的2018首届中国区块链高峰论坛上，腾讯公司和中国物流与采购联合会签署了战略合作协议，并联合发布了双方首个合作项目——区块供应链联盟链及云单平台，腾讯区块链正式落地物流场景。

2018年5月，京东发起国内首个“物流+区块链”技术应用联盟，推动区块链技术在快递物流领域应用。

2018年6月，中通快递发布了《实体化区块链：内生于中通快递的共创生态系》，探索区块链在快递领域应用场景。

2018年10月，深圳首个“保税+社区新零售”顺丰优选项目“丰溯Go”上线运营。“丰溯Go”依托区块链技术，搭建商品供应链全程溯源体系，通过运输环节的前后延伸打通商品的供应环节，并通过多方信息监控达到提升供应链透明度及可信度的目的，解决了跨境商品身份认证的行业痛点。

2018年11月，中都物流有限公司、上海市万向区块链股份公司、星展银行（中国）有限公司于上海联合宣布“运链盟—汽车供应链服务平台”正式上线。阿里菜鸟在海淘进口应用区块链技术，已经初步实现海外商品溯源、国际物流及进口申报溯源、境内物流溯源；下一步将实现生产企业溯源。

2. 区块链+医疗健康

区块链在医疗健康的应用主要涉及患者ID认证、电子病例、临床研发、药物溯源、医疗保险理赔等方面。由于区块链技术尚处于发展初期，处理维度复杂的医疗数据存在较大难度，加上医疗产业的特殊性，迄今为止区块链技术并未在医疗产业大范围应用。

典型应用案例

2018 年，区块链成为我国医疗行业创新发展的一个重要关注点，在地方政府和行业领军企业的共同努力下，一批专门面向医疗行业的区块链应用平台相继启动，代表性的项目包括阿里健康与江苏常州市合作推动的“医联体 + 区块链”试点项目、佛盈盘古与佛山禅城区共同启动建设的禅城区“互联网 +”医疗平台。

2018 年 4 月 12 日，腾讯 CEO 马化腾表示，腾讯区块链将落地医疗领域，借力腾讯区块链技术实现电子处方不被篡改。

2018 年 9 月 13 日，蚂蚁金服和上海市复旦大学附属华山医院合作推出全国首个区块链电子处方。2018 年 12 月，蚂蚁金服公布网络互助计划“相互宝”首例互助案例，一位来自上海市的 5 岁女童获得 30 万元的大病互助金，除案件详情外，为确保信息公开透明，公示还出具了医疗诊断证明、出院小结、手术记录等信息，并对资料进行了区块链存证。

2018 年 12 月，我国首个具有自主知识产权的“区域慢病智能管理与药品配送平台”正式上线。同月，京东数字科技旗下的区块链防伪追溯平台、存证平台等创新应用正在不断进步，目前正在与银川市人民医院下属卫生服务站疫苗接种点进行落地试点。据悉，该平台的建设首次引入区块链技术，使处方流转及药物配送具可追溯性，最终确保相关医疗数据和运营的安全。

常州市医联体区块链试点项目将区块链技术应用于常州市医联体底层技术架构体系中，并已实现当地部分医疗机构之数据互联互通，解决长期困扰医疗机构的“信息孤岛”和数据安全问题。

据介绍，以分级诊疗就医体验为例，居民就近在卫生院体检，通过在区块链上的体检报告分析，筛查出心脑血管高危患者，5%左右的需转诊患者可以由社区医生通过区块链实现病历向上级医院的授权和流转，上级医院的医生，在被授权后可迅速了解病人的过往病史和体检信息，病人不需要重复做不必要的二次基础检查。

当前，我国医疗行业区块链应用呈现出两大特点：一是应用模式上主要采用政企合作的方式；二是产品形态上主要是集合区块链底层技术的综合服务平台。从整体应用态势来看，医疗领域区块链应用还处在刚刚起步阶段，部分合作项目停留在预研、设计阶段，区块链的实际行业应用尚未大规模开展。未来医疗行业区块链应用将沿两个方向发展：一是区块链企业和地方政府合作推动基于区块链的医疗行业服务平台建设；二是区块链企业与医院联合建设基于区块链的医院综合管理信息系统。

3. 区块链+食品安全

商品（包括食品）溯源领域也曾采用过各种防伪技术，乃至新的互联网技术、人工智能等，或是通过严格的法律法规进行管理和规范，但结果却总是不尽如人意。运用区块链技术的溯源，通过物流管理、商品防伪、商品溯源、制造管理、行业协同等领域的深度结合，增加了商品的可追溯性、安全性。区块链能够开创食品溯源的新时代。除了为改善食品安全状况打下基础，区块链还能够帮助企业提高食品追溯体系的运转效率，从而减少浪费，降低成本，促进可持续发展。另外，通过区块链技术，企业不仅能抓取溯源方面的数据属性（时间、地点），还能抓取其他数据属性来促进透明度的提高。

典型应用案例

“智慧食药监平台”在以肉蔬为目标的食品溯源追溯领域有着先发优势，并很快在京津冀地区的地级市层面进行了平台系统的构建和部署推广。由都乐、怡颗莓、金州食品、克罗格、味好美、雀巢、泰森食品和沃尔玛组成的大型食品供应商联盟与IBM合作的区块链项目显示，从超市到种植农场追踪一包芒果，使用传统方法需花费6天18小时26分钟，而使用区块链技术只需几秒就能确定确切的污染来源以及这包芒果进入零售货架的路径。

4. 区块链+能源

在传统能源交易链条，无论是上游的原料采购、中游的发电，还是下游的售电，都以集中式交易为主，或者需要第三方独立信用认证。由于信息不对称，信用中介的参与会增加交易成本。目前，基于大型集中式能源企业的交易模式往往交易成本高昂、效率低下。

在基于区块链的分布式能源交易体系中，上下游产业的每一个交易主体都是自己的信用认证，不需要第三方信用中介。在分布式能源区块链上，上游的原材料采购商可以与分布式能源发电企业进行原材料交易，下游的售电商也可以与分布式能源发电企业进行收到交易。这些交易被区块链链条上所有交易主体共同经营，并不可抵赖。

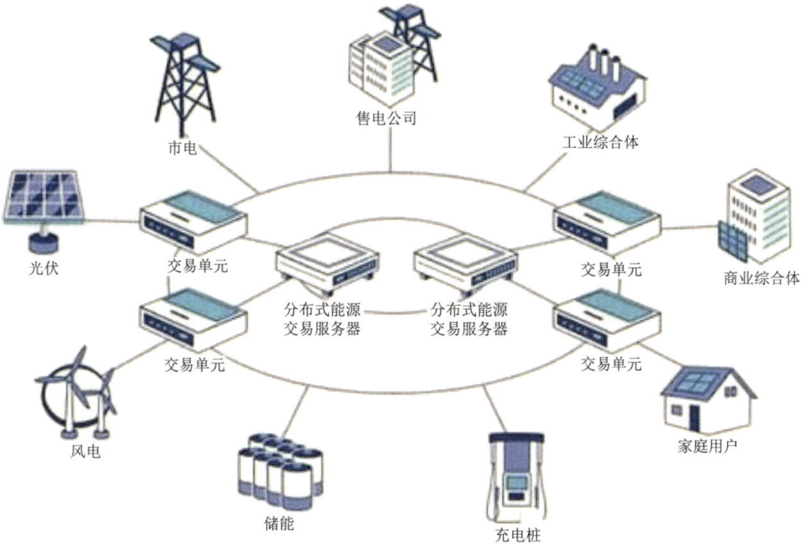

图6—2 基于区块链的分布式能源交易体系

资料来源：北京融链科技。

典型应用案例

2019年8月21日，国家电网宣布成立国网区块链科技有限公司，并提出区块链技术形态与泛在电力物联网建设的契合。在国家电网大力建设泛在电力物联网的当下，能源区块链可以作为技术支撑，为能源金融、综合能源、电力交易、安全生产、企业管理等场景提供新的助力。同时，能源区块链可以为能源市场化提供底层技术支持，实现一个能源投资、生产、交易、流通非常活跃的市场①。

5. 区块链+教育

2016年10月，工信部颁布《中国区块链技术和应用发展白皮

① 中国信息通信研究院：《区块链赋能新型智慧城市白皮书（2019）》，2019年11月8日。

书》，指出“区块链系统的透明化、数据不可篡改等特征，完全适用于学生征信管理、升学就业、学术、资质证明、产学合作等方面，对教育就业的健康发展具有重要的价值”。当前国内外区块链技术的教育应用正处于萌芽状态，少数教育机构开展了积极的探索。互联网+教育是全球教育发展与变革的大趋势，其宗旨是应用互联网思维、技术和模式改造传统教育生态，实现教育系统的结构性变革。区块链技术有望在互联网+教育生态的构建上发挥重要作用。区块链技术可以帮助建立数字证书颁发、存储和认证体系，加速纸质证书终结，可以促进数字教学平台的发展，可以记录用户教育分布式数据，帮助存储电子档案，可以促进知识产权有效管理。此外，区块链技术在教育领域的运用还可以帮助用户强化自身数据所有权和控制权，并可以显著降低教育机构数据管理成本和减少相关责任；构建一个能够配合虚拟经济的教育智能合约系统，在无须中间人的情况下处理教育服务的购买、使用、结算、验收等任务；作为衡量个人知识财富的依据，接入知识社会的经济系统中并促进开放教育发展。①

典型应用案例

2018 年 4 月初，网班教育发布了基于区块链技术的教育培训联盟“EDC 教育链”，旨在通过分布式记账机制，结合教育学分 Education Credits（EDC）的 Token 分发机制，对学习者在不同教培机构进行的学习过程进行客观的、不可篡改的记录。联盟计划把不同教育

---

① 鲁昱璇：《区块链技术在教育领域的应用：回顾与展望——基于〈教育中的区块链〉报告的分析》，《世界教育思想》2019 年第 32 期。

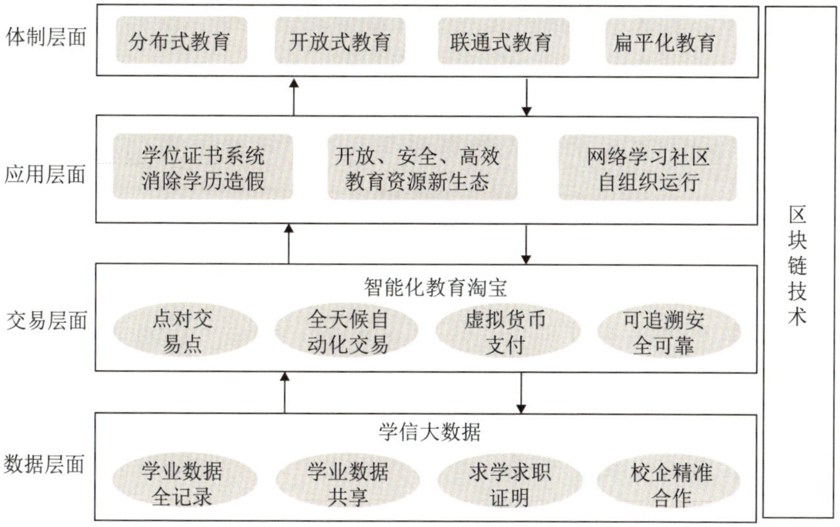

图 6—3　去中心化教育系统

资料来源：杨现民、李新、吴焕庆、赵可云：《区块链技术在教育领域的应用模式与现实挑战》，《现代远程教育研究》2017 年第 2 期。

机构修得的学分或成果组合，形成“学分仓库”或者“学分银行”。学习者完成一定学时的学习即可免费获得对应的“EDC 学分”，积累到一定“学分”之后就可以申请在“教育链”联盟内的学费减免等福利。

上海喵爪网络科技有限公司开发的喵爪星球虚拟学习社区借助区块链技术将传统教育改造成人人可参与和分享，数字化、游戏化的众筹教育。

2018 年 10 月，全国首家大数据教育区块链试验区（以下简称“试验区”）在河北省廊坊市正式启动。北京市通州区教委、天津市武清区教育局、河北省廊坊市教育局三地教育部门，共同搭建一个大数据平台，采集并记录学生的学习成长轨迹数据，通过区块链的分布式、不可篡改和留痕功能，建立学生的个人学习成长档案。

腾讯云区块链产品和解决方案可以用来打造基于区块链的身份管理，建立一个统一的个人学习账号，跨域终身教育的各个阶段。基于数字身份，可以建立分布式电子档案信息管理，各个教育机构可以把证书、学分、课程等信息上链。也可以基于区块链的学信大数据，连接各类教育机构，促进实现教学、课程、学籍、学分等内容的共享和协同。

思源云教通与西安交通大学合作建立数字化校园平台——“移动交通大学（交大通）”App，其中的通信功能“交大特邮”，就是基于思源科技集团推出的区块链“秘邮”系统。它不仅能做到即时通信消息和邮件收发，还具备自主可控的可信安全、加密通讯、移动集成、敏捷协同能力，未来还可支持将学历证书、课程记录、学术论文、科研成果等信息上链，避免学历造假，满足论文、成果的数字化和知识确权需求。

乐寻坊通过联盟区块链，将企业、协会、院校、社团等多方链接起来，为人才社群提供公益互助及企业招聘、论坛会议、学习培训等活动服务，建立高度融合的人才成长互动社区。

区块链在教育领域具有广阔的应用空间，但是单靠任何一家企业是无法打通教育机构、学校、学生这三方，必须由教育部门联手推广落地。只有打通产品的商业模式，才能让服务落地生根，蔓延开来，真正实现链上教育、智慧教育。

6. 区块链 + 慈善

区块链技术所具有的分布式、难篡改、可溯源等特点，能够有效解决传统慈善公益项目中复杂流程和暗箱操作等问题，每一笔捐助的流通数据都被存储并固化，方便监管机构进行追溯和监管。

典型应用案例

当前，在慈善领域，区块链基础产品研发取得一定突破，基于区块链的互联网企业慈善平台已经上线，区块链应用正在逐步展开，并不断取得进步。产品研发方面，善圆科技设计研发了慈善组织联盟链。互联网平台方面，蚂蚁金服已经将区块链技术应用于支付宝爱心捐赠平台。壹基金、中国红十字基金会等知名公益机构的公益项目已经在该平台中上线，部分项目实现了实时账目公示。2018 年 10 月，贵州省扶贫基金会搭建的区块链智慧公益平台正式上线。贵州省扶贫基金会与 CROS 区块链技术公司携手合作，运用区块链技术的可溯源、不可篡改、数据加密安全等特征，实现公益活动过程中信息与行为的全流程存证、全周期追溯与审计，公益款项的使用记录和流转过程都登记到区块链上存证，做到整个公益流程的高度透明。

由中国雄安集团数字城市公司和趣链科技公司牵头的多家企业联合倡议发起一款基于区块链技术的慈善捐赠平台上线。主要针对慈善捐赠以及抗击疫情中“需求难发声、捐赠难到位、群众难相信”三大难题，致力于打通慈善捐赠的全流程，包括“寻求捐赠—捐赠对接—发出捐赠—物流跟踪—捐赠确认”的全部环节，确保捐赠方顺利完成物资捐赠，群众能看见并相信捐赠。此外，该平台提供了方便快捷的链上信息浏览入口，对所有人提供公开的捐赠信息查询服务，平台内关键捐赠数据均已上链存证，包括平台发起方在内的所有人均无法对链上数据进行篡改，在保证社会各界对平台内部信息了解权利的同时，提升捐赠机构的捐赠行为信息透明度与公信力。据慈善捐赠管理溯源平台统计，该平台已有爱心捐赠总额超过7.4亿元、爱心捐赠数超过500个。在2020年新冠肺炎疫情捐赠中发挥了重要作用。

当前，区块链在慈善公益领域应用呈现出以下特点：一是区块链技术得到公益机构的广泛认可；二是互联网领军企业在区块链应用中起到领头作用。未来，在蚂蚁金服等互联网企业以及阳光公益联盟链等行业组织的共同推动下，慈善领域区块链应用发展速度将大幅提升，区块链将成为未来慈善行业发展的重要基础和关键支撑。

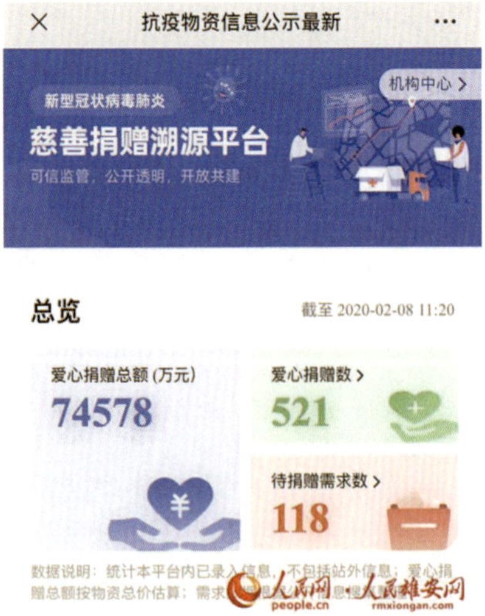

图6—4　慈善捐赠管理溯源平台防疫物资总览

图片来源：雄安集团。

7. 区块链+精准扶贫

在区块链+精准扶贫方面，在现有大数据帮扶平台基础上引入区块链技术，将帮扶双方确认并记录，利用智能合约匹配帮扶项目与资金，通过共识机制保证对社会扶贫资金募集、申请、使用、效果评估等进行管理。实现扶贫对象精准识别、扶贫资金精准管理、扶贫对象精准退出、社会扶贫资金全流程管理，从上而下贯彻扶贫政策，建立诚信扶贫系统，形成有效工作网、监管网，防止弄虚作假、徇私舞弊，激励社会各方积极参与扶贫行动，助力搭建高效、透明、公正的精准扶贫平台。

典型应用案例

在2018年10月，在贵州省政府的支持下，工商银行与贵州省贵民集团合作，通过银行金融服务链和政府扶贫资金行政审批链的跨链整合与信息互信，以区块链技术的“交易溯源、不可篡改”实现了扶贫资金的“透明使用”“精准投放”和“高效管理”，并将第一笔扶贫资金157万元成功发放到位。宏观层面上，各级政府能够自上向下地实时掌握辖内扶贫资金的需求、配套、拨付、实际使用情况；微观层面上，上级政府部门实现了对每一个扶贫项目、每一笔扶贫资金的穿透式管理。

四、区块链 + 政务服务

区块链可以让数据跑起来，大大精简办事流程。区块链的分布式技术可以让政府部门集中到一个链上，所有办事流程交付智能合约，办事人只要在一个部门通过身份认证以及电子签章，智能合约就可以自动处理并流转，顺序完成后续所有审批和签章。区块链发票是国内区块链技术最早落地的应用。税务部门推出区块链电子发票“税链”平台，税务部门、开票方、受票方通过独一无二的数字身份加入“税链”网络，真正实现“交易即开票”“开票即报销”——秒级开票、分钟级报销入账，大幅度降低了税收征管成本，有效解决数据篡改、一票多报、偷税漏税等问题。扶贫是区块链技术的另一个落地应用。利用区块链技术的公开透明、可溯源、不可篡改等特性，实现扶贫资金的透明使用、精准投放和高效管理。

典型应用案例

一些信息化推进较快地区开始尝试利用区块链技术服务于政务领域，佛山市、贵阳市等地在积极探索开展区块链政府服务应用。其中佛山市禅城区区块链政务应用已经率先落地。2017 年 6 月，广东省佛山市禅城区推出“智信城市”计划，这是基于区块链技术的创新应用成果，属于全国较早探索区块链政务应用的县区。截至

2018年12月，该项目已在除禅城区外的北京、青岛、广州、海南、迪拜建立了侧链，节点数达到20个，依托大数据、区块链等信息技术支撑，禅城区信用机制的应用渗透政务服务、社区服务等各个领域，诚信市民可随时随地享受信用带来的“福利”，例如，享受信任审批服务、办事“零跑腿”等VIP服务。在佛山、贵阳等典型城市的带动下，政务服务区块链应用有望伴随各地智慧城市建设的不断深入，智慧城市解决方案及建设服务商将成为驱动政府服务区块链应用的重要力量。

2018年4月，陕西省基于区块链技术打造了全省一体化政务云平台“陕数通”，将公安、民政、社保、医院、银行等市县镇三级1300多个单位部门涉及的85类数据上链，实现数据的融合应用。

2018年10月，山东省将大力发展“区块链+公证”以提升公证法律服务，做到“数据多跑路，群众少跑腿”，为当事人提供更加优质高效便捷的公证法律服务，让人民群众在公证领域“放管服”改革和减证便民服务中有实实在在的获得感。

南京市打造区块链政务数据共享平台，该平台由公安、工商、社保、民政在内的49个政府部门充当管理节点，各节点以平权共建为原则，构成庞大的政务联盟链网络。各部门上传数据时同步附带数字签名，以验证数据上传身份真实性，提升数据共享采信。同时，各部门都是全节点，可查看所有部门数据，减少数据传输过程的安全隐患。所有数据上传、查询和使用都会被记录，数据的所属权、使用权清晰界定，便于数据在不同部门间的流通共享。

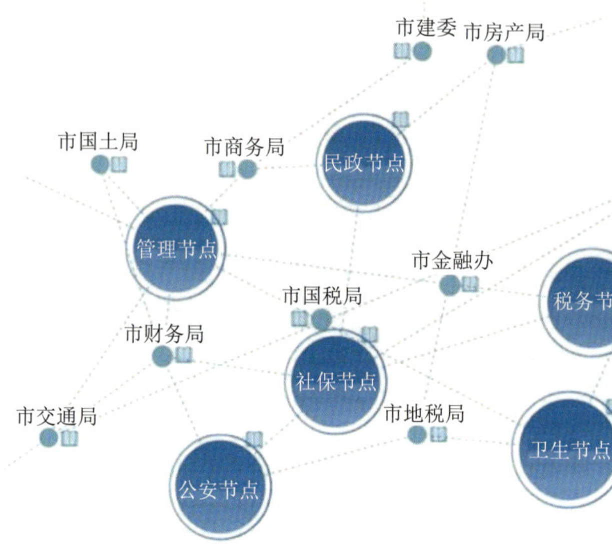

图 6—5　南京市区块链政务数据共享平台

资料来源：Odaily 星球日报。

徐州市打造区块链警务数据共享系统。徐州市地处苏鲁豫皖 4 省交界，人流、物流、信息流汇聚，治安情况复杂。为加强警务跨域协作，徐州市公安局牵头利用区块链建立城市间警务数据区块链共享系统，开创性解决公安联动机制和信息共享技术的信任问题，实现跨省地市间警务数据实时加密共享，打破数据壁垒，推动无行政隶属关系公安机关之间的数据共享机制变革，实现跨区域警务高效协作。

五、区块链+智慧城市

区块链技术的主要特点：分布存储、不可篡改、多方维护、智能合约。这些特点在智慧城市的很多领域具有巨大的应用潜力。在基础设施方面，运用区块链技术可以实现信息基础设备之间的数据信息高效交换，提升信息基础设施协同能力；在数据资源方面，借助区块链自身数据不可篡改、可溯源等特性，可以打破数据流通共享壁垒，提供高质量数据共享保障。在智慧应用方面，区块链高可信的合作环境已经涌现出一批“只需跑一次”“让数据多跑路”“精准营销”“精准服务”等亮点应用。

“智慧城市”是利用各种新技术、新理念，以优化城市管理与服务的系统性工程。而作为新兴技术的区块链，以其不可篡改、透明化、安全性的特点，正逐渐成为打造智慧城市的重要元素，愈加被纳入智慧城市的升级路径。

典型应用案例

北京市

在政策扶植方面，北京市中关村科技园区管理委员会明确区块链技术的发展成为政策资金支持对象，单个项目最高支持金额不超过500万元。西城区明确要倡导安全、绿色、普惠金融服务，对人工智能、区块链、量化投资、智能金融等前沿技术创新最高给予1000万

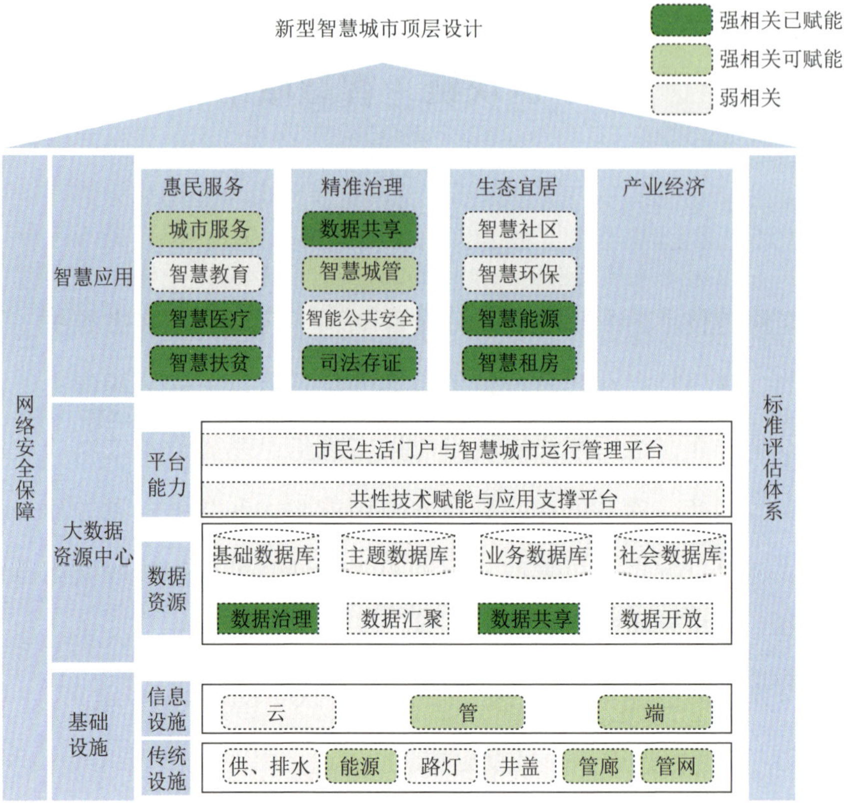

图 6—6　区块链赋能新型智慧城市全景图

资料来源：中国信息通信研究院。

元资金奖励。在研究机构方面，北京市先后成立中国互联网金融协会区块链研究工作组、中国区块链（沙盒）研究中心、北京市大同区块链技术研究院、北京市唐盛区块链技术研究院等国家级研究机构。在示范项目方面，北京市海淀区推出“不动产登记 + 用电过户”同步办理的新举措，针对存量房交易场景，已梳理完成 108 个业务字段信息及 15 份上链数据样本文件，涉及公安、民政、住建、规土、工商、环保、卫计、消防 8 个部门业务数据，实现以二手房交易为主题的各项服务的联动办理。此外，北京市持续探索创新，国家信息中心、中国移动、中国银联、红枣科技共同发起服务于区块链企业级应用的全球性基础设施网络，以互联网理念为开发者提供公共区块链资源环境，降低区块链应用的开发、部署、运维、互通和监管成本，或将促进区块链技术的进一步普及和发展①。

上海市

随着各项区块链政策的稳步推进，上海市在推进区块链技术研发、平台建设、行业应用、产业发展等方面快速发展。在技术研发方面，同济大学联合海航科技、宝武欧冶金融、上海银行等企业研发了与行业应用场景高度融合的桐链，目前已在“上海市大宗商品区块链供应链金融应用示范项目”和“基于区块链技术的航运供应链存证平台项目”中成功应用和落地。在行业应用方面，蚂蚁金服和上海市复旦大学附属华山医院合作推出区块链电子处方，上海市静安区体育公益配送服务项目“静安体育公益配送”平台。在产业发展方面，杨浦区建设了区块链技术创新与产业化基地，以“基地+基金+智库+社群生态+培训”的一体化战略推进发展②。

杭州市

杭州市市场主体在系统研发、设备研制、平台建设、城市应用等领域全面发力。在系统研发方面，杭州市中科先进技术研究院开发出基于时空数据库技术的区块链系统，致力于攻克数据同步与共

---

① 中国信息通信研究院：《区块链赋能新型智慧城市白皮书（2019）》，2019年11月8日。

② 中国信息通信研究院：《区块链赋能新型智慧城市白皮书（2019）》，2019年11月8日。

享的难点。在设备研制方面，杭州市研制出检察区块链取证设备，该设备通过将区块链与其他技术融合，可生成取证报告并进行区块链认证。在平台建设方面，杭州市区块链技术研究院发布络谱平台，通过对数字身份、可信数据、数字凭证进行登记，向各行业应用提供技术服务。在城市应用方面，杭州市互联网法院运行的司法区块链系统，通过时间、地点、人物、事前、事中、事后6个维度解决数据的认证问题，实现电子数据的全流程记录。杭州市建设了基于区块链技术的“中小学直饮水系统”工程，提高了直饮水安全监管和审计效率①。

广州市

在产业发展方面，广州市开发区已建成广州区块链国际创新中心、黄埔链谷、蚁米区块链众创空间、区块链未来空间四大载体，正加快建设粤港澳大湾区青年创新创业基地。在区块链+应用方面，广州在税务、政策兑现、智慧城市等多个领域开展区块链应用。在税务领域搭建了电子发票区块链平台“税链”，部分解决了电子发票的堵点与痛点。在政策兑现领域上线了“政策公信链”，提高了政府政策兑现业务处理效率，降低了企业政策兑现人力、物力、财力成本。在智慧城市领域，广州市开发区开放了近2000个公共停车位，由企业提供停车数据共享、数字化停车权益等上链服务，释放了闲置停车资源②。

---

① 中国信息通信研究院：《区块链赋能新型智慧城市白皮书（2019）》，2019年11月8日。

② 中国信息通信研究院：《区块链赋能新型智慧城市白皮书（2019）》，2019年11月8日。

深圳市

在产业发展方面，深圳市拥有完善的区块链产业体系，涵盖硬件制造、平台开发、解决方案、数据服务、数据安全、应用开发等全产业链。此外，深圳市成立了区块链创投基金，基金首期规模为5亿元，将在政府引导下合规打造区块链生态社群，挖掘和培育优质区块链项目。在区块链+应用方面，深圳市税务局上线了区块链电子发票产品，通过将发票相关信息上链，对发票从开具到报销的过程实现全流程管理。广东省安证计算机司法鉴定所建立的“安证链”已在深圳市公、检、法、司等相关部建立了区块链节点，实现了电子数据的多方存管和保全。央行设立的“粤港澳大湾区贸易金融区块链平台”在深圳市试运行，在平台上可进行包括应收账款、贸易融资等多种场景的贸易和融资活动①。

雄安——中国的“区块链之城”

雄安新区的区块链整体建构是自上而下的。并且，雄安作为国家指导建设的新区，区块链技术是从城市建设之初便被视为重要的基础设施。因而其区块链布局有相对完善的体系，从资金管理到工程管控，从土地到房屋租赁，各个环节都有区块链技术介入，更被媒体称为“种树都要用到区块链”。

雄安未来的个人积分系统，将以区块链的方式实施，对市民的良好表现进行奖励。由此衍生基于区块链技术的智慧垃圾收集器。市民可通过下载App，扫码后进行垃圾分类倾倒，该垃圾箱内置系

① 中国信息通信研究院：《区块链赋能新型智慧城市白皮书（2019）》，2019年11月8日。

统可以根据垃圾种类和重量，给予垃圾投递者积分奖励，所有积分则可以通过未来遍布新区的服务体系用来兑换生活用品等。除激励之外，雄安目前更为主要的区块链应用类型是监管追溯，最具代表的是雄安区块链资金管理平台，雄安依托这一平台实现了多个建设项目在融资、资金管控、工资发放上的透明管理。

项目	服务主体	应用类型
自主知识产权的区块链底层基础平台	政府机构	底层平台
工程建设招标中标引入区块链	政府机构	数据存证
区块链房屋租赁应用平台	民生	数据存证
基于区块链技术的智慧垃圾收集样机器	民生	激励机制
未来居民生成清洁能源上链	民生	激励机制
个人积分系统	民生	激励机制
雄安征拆迁安置资金管理区块链平台	政府机构	监管溯源
雄安区块链资金管理平台 (截至19年10月底，对9号地区一区林地、10万亩妙景兼用林项目、截洪渠等50个项目进行管理，累计管理资金30亿元)	政府机构	监管溯源
“区块链—供应链”融资业务	企业	金融服务
区块链+票据	企业	金融服务
区块链+订单融资 (全国首例，合作银行成功授信400万元)	企业	金融服务
区块链+应收账款质押融资	企业	金融服务
区块链+融资租赁融资	企业	金融服务

图 6—7　雄安目前落地的区块链应用场景

资料来源：雄安官网、互链脉搏及其他公开报道。

雄安新区管委会以住房租赁积分为切入点，探索住房租赁管理新模式。运用区块链、大数据等前沿技术，建立科学有效的住房租赁积分全生命周期管理机制，营造活力、健康、有序、可持续的住房租赁生态。在雄安新区个人将拥有属于自己的租房诚信账户，记录个人租房相关信息为公共房屋资源分配、社会治理提供坚实的参考依据。

传统政府重大工程在资金发放过程中因信息不对称常造成资金被挪用和截留问题，事中事后极难追溯和监管。雄安新区应用区块链技术创新资金监管模式，对招投标决策等全过程信息留档并可实时调取查看证据，出现问题依法问责。以雄安新区造林资金监管平台为例，平台对植树造林参建单位及利益相关单位项目专项资金流向进行实时动态监控。项目施工前，将所有植树工人工资卡号关联到区块链平台系统，动态记录工人工作情况，造林劳务费用最终直接转到工人账户，采用区块链技术创新监管造林资金，形成共建共享、可持续造林机制，做到以人民为中心、共建共享森林发展。

建设新型智慧城市是一项系统工程，需要融合多项技术，发挥互补优势。因此，城市建设者不能孤立地使用区块链技术，而要积极融合大数据、云计算、人工智能等新技术，加快探索技术融合下的城市应用场景，将城市管理与服务智慧化发展推向深入。此外，区块链应用要与城市发展规划相结合。围绕城市在精准治理、惠民服务、文化生活、经济发展等方面的地域特征和建设重点，有针对性地开展符合城市定位的特色应用，创造更好的城市生活环境与服务体验①。

---

① 中国信息通信研究院：《区块链赋能新型智慧城市白皮书（2019）》，2019 年 11 月 8 日。

区块链3.0阶段将是为实体经济服务。区块链技术应该应用到更多真正的场景当中，区块链技术需要与实体经济产业结合，通过减少交易的中间环节、中介环节，减少交易对账、记录等辅助性工作，为实体经济降成本，才能充分发挥区块链的价值。尤其中国区块链的道路，必须充分发挥区块链的革命性、创新性，同时又充分服务于实体经济、实体产业，既能与中国现实制度对接，又能牵引经济和社会的进步。由于区块链底层技术等局限，区块链+具体行业的实际应用还比较有限，但区块链促进实体经济发展的潜在能量不容忽视。

第七章

区块链技术应用领域的拓展

区块链通过点对点的分布式记账方式、多节点共识机制、非对称加密和智能合约等多种技术手段建立强大的信任关系和价值传输网络，使其具备分布式、不可篡改、价值可传递和可编程等特性。在应用方面，区块链一方面助力实体产业，另一方面融合传统金融。在实体产业方面，区块链优化传统产业升级过程中遇到的信任和自动化等问题，极大地增强共享和重构等方式助力传统产业升级，重塑信任关系，提高产业效率。在金融产业方面，区块链有助于弥补金融和实体产业间的信息不对称，建立高效价值传递机制，实现传统产业价值在数字世界的流转，帮助商流、信息流、资金流达到“三流合一”等方面具有重要作用。

目前，区块链技术的应用场景不断铺开，从金融、产品溯源、政务民生、电子存证到数字身份与供应链协同，场景的深入化和多元化不断加深。在政策利好与行业推动的双向支持下，各地都在积极落地区块链应用场景，区块链应用场景落地正呈现爆发增长的态势，在数字货币、政务民生、金融贸易、司法仲裁、税务发票、智慧医疗、公益服务等领域落地了不同的区块链应用，行业发展呈现百花争艳的局面。然而，区块链的应用仍旧处于较为初级的阶段，各类应用模式仍在发展中演进，仍需持续探索。从地区分布看，区块链企业主要集中在沿海和一线地区，但中部地区也逐渐有发展的趋势。

一、数字货币

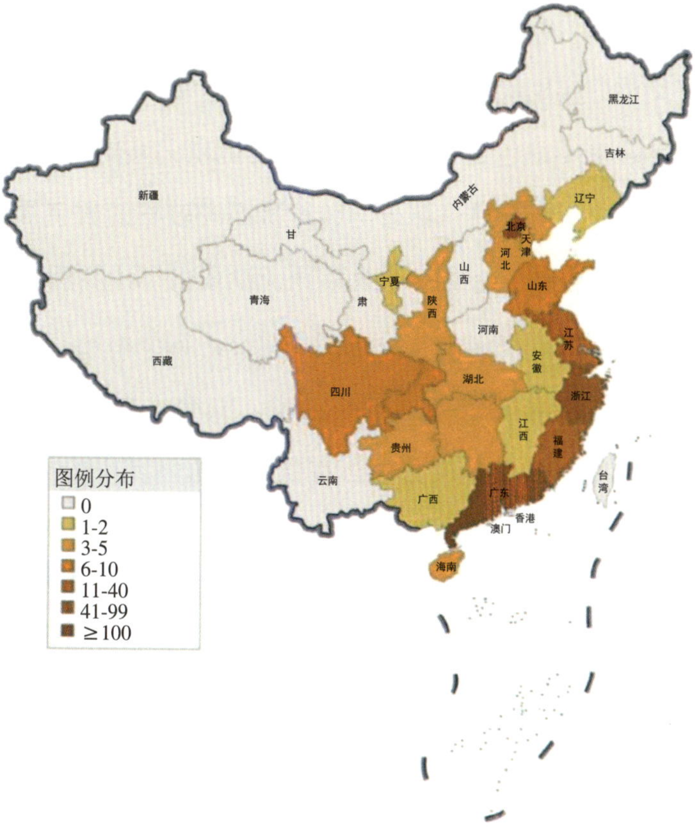

图 7—1　我国区块链分布图

资料来源：中国工商银行金融科技研究院：《区块链金融应用发展白皮书》，2020 年 4 月。

区块链技术的典型应用领域即金融领域，其在金融领域中的典型应用即数字货币。在数字加密货币出现之前，社会不得不依靠银行等机构跟踪付款和保证金融安全。而作为数字货币的底层技术，区块链凭借其分布式存储、加密算法、共识机制让数字货币成为资本市场的新宠。区块链技术在数字货币领域中的典型应用为比特币，对此众多学者都已达成共识。

1. 数字货币信用属性的区块链技术

数字货币的应用代表比特币只存在于一个被称为“块状”的巨型电子分类账单中，包含每笔交易的历史记录，其副本在世界各地的许多计算机上运行。这意味着与传统货币和较早的数字货币不同，比特币不需要信任的第三方来处理货币流动或由“中央银行”发行，交易依据客观算法，去中心化、直接点对点。在交易比特币的同时，关注比特币技术型信用支撑、价格波动、安全性能、跨境转移等，与关注区块链底层技术、加密算法在数字货币领域中的实际应用同样重要。货币的核心属性是信任。对特定群体而言，比特币作为数字货币延续了货币的核心属性，具备了信任背书的条件。因此，比特币具有群体属性，能够吸引一定社会群体参与交易。交易方式如下：银行 ATM 机中选择使用 bitcoin（比特币）进行货币集中兑换，组建比特币开源社区促进交流，创建比特币区块浏览器 https：//btc. com，集中浏览查询比特币区块、交易、地址的详细信息等。通过区块链技术的支持及加密算法形成的特定规则，强化比特币使用者间的信任纽带，加强共同意识和利益关系，促成比特币社区意识。

区块链重新定义了金融，金融交易活动的发起首先是要建构信任、甄别风险，在实际操作中信任的建立要付出极大的金钱及时间成本，而数字货币在使用区块链技术过程中由于使用数据区块取代了目前互联网对中心服务器的依赖，使得所有数据变更或者交易项目都记录在一个云系统中，从而保证安全地验证、确认和传输金融交易，以强化数字货币的信用属性。从业务应用角度来说，区块链是不同于央行清算中心等传统中心化账本系统的一种分布式共享账本系统，通过分布式的产权管理、集体自治、公开透明、不可更改和可追溯的方式来创造信任和发展信用，从而让价值交换过程中的摩擦系数降低，实现零边际成本。数字货币作为智能货币，除带有很深的群体社交网络烙印之外，更是凭借其信用属性价值创建了货币流通的新类型。

2. 数字货币支付清算效率的区块链技术

比特币是一种基于节点网络和数字加密算法的数字货币，是一种去中心化的数字货币，区块链技术运用了P2P对等网络结构原理，实现了数字货币支付与清算的去中心化。不同于Client/Server（客户/服务器）网络结构，客户端和服务器端主体并存，P2P对等网络结构是指一台计算机既可作为客户端，又可作为服务器端，直接点对点，取缔中介实体，互联网直接连接交互。

在P2P对等网络结构中，交易比特币无须中央银行等金融中介，可以省去烦琐的额度与手续限制，直接由用户构成，获取对方比特币地址即可进行支付，支付系统去中心化。从比特币简单便捷的交易中可以看出，每一次货币变革的出发点都是基于金融交易的便捷性，提高货币交易的支付清算效率。与传统纸币的流通相比，发行数字货币的确能有效降低货币流通成本，使交易便利且透明。从纸币时代飞跃到数字货币时代，凸显数字货币对整个金融货币行业体系的影响力，展现出区块链技术对科技金融新经济体系所作的贡献。

此外，数字货币借助区块链天然拥有点对点转账特性这一新的价值存储转移方式，促成用户借助点对点网络向任何账户转账等金融交易行为，在提高交易效率的同时简化了交易前的身份认证过程。区块链网络中每个节点都存储着交易人的大量信息，这其实为区块链提供了一种大数据属性，当区块链支付清算体系正式运转后，金融交易数据、商业交易数据等可直接部署在区块链上。商业银行可直接通过区块链完成征信，以有效克服现有模式下信息不完整、数据不及时、费用较高的缺点。在交易过程中引入数字货币进行结算的方式，展示了数字货币在票据场景中的应用，区块链在金融领域具有的天然优势能降低审核清算成本，减少对中心节点的不信任，让金融资产的流动更加透明便利，这些凸显出区块链在数字货币领域降低发行成本、提高支付清算效率等方面的巨大贡献，推动了经济的提质增效。

3. 数字货币交易安全性的区块链技术

区块链使用非对称加密的公私钥构建节点间的信任以保障数字货币交易的安全，在交易比特币的过程中可见一斑。一方面是在交易过程中，使用公私钥对数据存储和传输进行加密解密，由于椭圆曲线加密算法的使用特性，即通过私钥解密出对应的公钥，通过公钥验算出比特币交易账单中每一段交易数据与交易过程中使用私钥签名的是否为同一人操作（即只有用户本身才能解密该信息，任何未经授权用户甚至信息的发送者都无法将此信息解密），每笔交易生成一个随机散列的数字签名。交易系统中的所有参与者都有唯一的历史交易序列。整个加密过程不可逆转，从而保障交易的安全完成。另一方面是在交易双方的隐私保护上，传统银行对受信任第三方的信息访问有特定的隐私限制级别，而区块链借助公钥加密技术使得比特币可以通过对公钥匿名避免交易双方身份信息的暴露。此外，作为附加的防火墙，使用者可以让每次交易都生成一个新的密钥对，以防止交易不被追溯至一个共同的所有者。

概括而言，比特币不依靠特定货币机构发行，而是依据特定算法和大量计算产生。通过公开密钥密码体系，在保证数据信息安全交互的基础上，比特币持有者可以拥有许多不同的账户，每个账户都链接到一个单独的地址和私钥，一个比特币账户即是一段公钥，使用账户中的比特币需要比特币账户地址（公钥）即一串序列号对应的私钥。

比特币已经成为第一个广泛部署的分散的全球货币，并引发了数百种虚拟货币。比特币和区块链是一种既可以减少单点失败，又可以使整个金融体系实现去中心化的解决方案。运用分布式总账技术、通过去中心化实现点对点，使得数字货币总账存储信息可以接近于零，整个网络节点只记录价值分布，对交易信息如转出账户、接收账户、交易余额等细节信息记录很少，从而提升整个流程的安全系数。数字货币借助区块链这一全新的互联网应用层，执行复杂的远期金融合约以进行价值交换。总体而言，数字加密货币已经得到金融、科技部门以及学术界的高度重视，在不景气的经济体中实现了广泛的市场渗透。

二、垂直行业应用

区块链行业目前仍处于早期阶段，现有的落地应用主要分为以下两种方向：与区块链技术非常匹配的新商业模式，以及对已有的中心化业务进行改造，实现区块链赋能。与新商业模式匹配方面，区块链提供了在很多没有强中心价值交换网络里面的一种去中心化构建信任的解决手段，由此衍生出区别于古典互联网的诸多新商业模式，例如，跨境支付、供应链金融、存证、溯源等所有场景其实是基于它们的业务场景和业务逻辑与区块链技术有天然高度的匹配性，需要信任、高效的去中心化的跨主体协作、数据的可追溯和不可篡改。

1. 金融

（1）供应链金融。

供应链金融是银行将核心企业和上下游企业联系在一起提供灵活运用的金融产品和服务的一种融资模式。供应链金融是一个新兴的、规模巨大的存量市场。供应链金融能够为上游供应商注入资金，提高供应链的运营效率和整体竞争力，对于激活供应链条运转有重要意义。供应链金融的融资模式主要包括应收账款融资、保兑仓融资和融通仓融资等。其中，提供融资服务的主体包括银行、龙头企业、供应链公司及服务商、B2B 平台等多方参与者。

供应链金融参与方主要包括：核心企业、中小企业、金融机构和第三方支持服务。其中，在供应链链条上下游中拥有较强议价能力的一方被称为核心企业，供应链金融上下游的融资服务通常围绕核心企业所展开。由于核心企业通常对上下游的供应商、经销商在定价、账期等方面要求苛刻，供应链中的中小企业常出现资金紧张、周转困难等情况，导致供应链效率大幅度降低甚至停止运转。因此，供应链金融产业面临的核心问题是中小企业融资难，融资贵，成本高、周转效率低。供应链金融平台、核心企业系统交易本身的真实性难以验证，导致资金端风控成本居高不下。供应链中各个参与方之间的信息相互割裂，缺乏技术手段把供应链生态中的信息流、商流、物流和资金流打通，信息无法共享从而导致信任传导困难、流程手续繁杂、增信成本高昂，链上的各级数字资产更是无法实现拆分、传递和流传。

区块链技术可以实现供应链金融体系的信用穿透，为二级供应商分销商解决融资难、融资贵的问题。区块链在其中发挥两个作用，首先是核心企业确权过程，包括整个票据真实有效性的核对与确认；其次是证明债权凭证流转的真实有效性，保证债权凭证本身不能造假，实现信用打通，进而解决二级供应商的授信融资困境。在这个信任的生态中，核心企业的信用（票据、授信额度或应付款项确权）可以转化为数字权证，通过智能合约防范履约风险，使信用可沿供应链条有效传导，降低合作成本，提高履约效率。更为重要的是，当数字权证能够在链上被锚定后，通过智能合约还可以实现对上下游企业资金的拆分和流转，极大地提高了资金的转速，解决了中小企业融资难、融资贵的问题。

典型应用案例：中国工商银行工银 e 信网络融资金融服务平台

工银 e 信基于核心企业的应付账款，是一种可流转、可融资、可拆分的电子付款承诺函，可在平台上自由转让、融资、质押或进行其他处置，支持银行增信并提供无条件保兑服务，为产业链上下游企业注入核心企业信用加成，实现银行资金的全产业链资金支持。区块链记录了工银 e 信从签发、签收、流转、到期清分等全生命周期的资金流、信息流，通过共识算法解决信任问题，通过智能合约自动执行防范履约风险，其不可篡改的特性保障各环节均可追溯，实现核心企业信用沿供应链条多级传导，盘活供应链应收账款，降低了上游供应商的融资成本。金融机构、供应商、核心企业等各个参与方在区块链技术构成的交易网络节点中进行交易，构建全新可靠的供应链信用体系。

（2）票据。

当前票据市场上，存在众多的票据掮客、中介，不透明、高杠杆错配、违规交易等现象并不少见，诱发多种风险。首先，从道德风险看，纸票中“一票多卖”、电票中“打款背书不同步”的现象时有发生，区块链技术不可篡改的特性能够有效防范上述问题。其次，从操作运营风险看，当前票据信息传递需要依赖中心化的服务系统，基于区块链技术架构建立的新型数字票据业务模式，可实现票据价值的去中心化传递，降低系统中心化带来的操作和运营风险。最后，从市场风险看，中介市场大量的资产错配不仅导致了自身损失，还捆绑了银行的利益。此外，当前的票据市场在信息交流上更多是单对单，容易导致信息的不对称和时效差，且操作方式各异，监管只能通过现场审核的方式来进行，对业务模式和流转缺乏全流程的快速审查、调阅手段。

票据是一种有价凭证，其在传递中一直需要隐藏的“第三方”角色来确保交易双方的安全可靠。借助区块链的可编程性以及数据透明性，可有效控制参与者资产端和负债端的平衡，形成更真实的市场价格指数，从而更好地把控市场风险。通过区块链的信息记载和回溯，易于建立基于关键字或其他智能方式的信息检索和提醒，提升信息的有效性，并可借助其开放性的优势让信息更加快速传导至需求者，减少市场的信息不对称。由于区块链不需要中心化的服务器，系统的优化或变更不需要通过多个环节的时间跨度，对于现在依赖系统来办理业务的票据体系来说是极大优化，让经营的决策更加简单、直接和有效，提高整个票据市场的运作效率。基于区块链中智能合约的使用，利用可编程的特点在票据流转的同时，通过编辑程序可以控制价值的限定和流转方向。区块链数据前后相连构成的不可篡改的时间戳，使得监管的调阅成本大大降低，完全透明的数据管理体系也提供了可信任的追溯途径。同时，对于监管规则也可以在链条中通过编程来建立共用约束代码，实现监管政策全覆盖和控制。

典型应用案例：央行数字票据交易平台原型系统

2018 年 1 月，根据中国人民银行总行的安排部署，由上海市票据交易所、数字货币研究所牵头，中钞信用卡产业发展有限公司杭州市区块链技术研究院（简称中钞区块链技术研究院）承接、会同

4家商业银行（中国工商银行、中国银行、浦发银行、杭州银行）研发的“基于区块链技术的数字票据交易平台”实验性生产系统成功上线试运行。上午9：30，第一张数字票据在上海票据交易所开出，票面金额为16万元，顺利完成签发、承兑、贴现和转贴现业务。该平台采用联盟链技术，央行、数字票据交易所、商业银行以及其他参与机构以联盟链节点的形式经许可后接入数字票据网络。不同的节点在接入时可以根据角色不同和业务需求授予不同的链上操作权限，包括投票权限、记账权限和只读权限等。数字票据发行后以智能合约的形式登记在联盟链上，并在链上进行交易撮合。结算则通过数字票据交易所连接联盟链之外现有的基于账户的支付平台完成。数字票据交易所的主要角色是充当交易结算过程中的信任中介，交易撮合主要由商业银行和参与机构等各参与方基于联盟链的共享数据自行完成。在这个系统中，传统票据生命全周期的功能全部实现，包括出票、背书转让、贴现、转贴现、托收等。该系统基于同态加密+零知识证明，开发了一套隐私保护方案，支持信息在交易对手方可见、监管方具有看穿能力。并有强大灵活的监管隐私保护机制，实时获取当前进行的交易的详细信息，监控可疑或异常票据业务，并通过操作权限或系统参与方的准入权限等方面限制保证数字票据的金融安全。

（3）征信。

征信行业未来市场规模将达千亿级，征信市场空间巨大，但目前整个行业征信数据形成孤岛，信息不能共享，无法产生更大的价值。在目前的征信机构中，无论资本市场信用评估机构、商业市场评估机构还是个人消费市场评估机构都需要进行数据的安全共享，同时需要降低金融风险和数据获取成本，促进整个行业健康安全发展。通过技术手段有效解决数据共享和存储面临的问题，更加清楚地了解用户画像有助于判断和决策，减少风险和降低成本，促进信息共享。

以征信行业突出的黑名单共享业务场景为例，在跨领域、跨行业、跨机构的环境下，用传统的技术实现黑名单共享实现难度大且成本高，很难实现多方互信。同时，传统中心化的技术实现共享黑名单还存在信息容易被篡改、数据无法追溯，共享信息的真实性无法保证。传统技术实现共享黑名单很难做到数据在各个机构间准确实时同步，存在数据一致性和实时性的问题。利用区块链技术对接各个联盟机构黑名单业务系统建立联盟机构黑名单存证平台，将分散在各个征信机构间的黑名单数据整合在一起实现数据共享，建立良性循环实现系统自治。这种方案带来的好处是成本低，对现有系统改造小、平台布设成本低。数据可追溯，黑名单数据所有机构共享。数据实时同步，黑名单数据更新时效高，数据可用性高。通用性强，系统提供通用的 API 服务，可以对接各种银行和征信机构的应用系统。

典型应用案例：深交所“中介机构征信链”

深交所针对区域性股权市场中介机构信息无法共享的需求痛点制定了“基于区块链的场外股权交易平台课题”，建设“中介机构征信链”，制定了区域股权市场的中介机构征信标准，将区块链作为改善中介机构数据真实性和精确性的技术手段，有助于中介机构减少欺诈，降低业务风险，更为重要的意义是打通了区域股权市场互联互通的路径。2017年11月中介机构征信链正式发布上线，各股交中心开展业务测试，可通过系统共享和查询链上中介机构信息。利用区块链技术的无中心化、不可篡改等特点实现股权市场之间的中介机构信息共享。中介机构征信链的联通和业务落地，是探索区域性股权市场互联互通的第一步，为未来区域性股权市场之间实现公告存证、登记存管等业务提供坚实基础，并为统一监管提供可能。六合数字科技基于区块链技术传递信用，将区块链应用于中小微企业主体的信用形成和交易环节的四流合一验证，解决中小微企业评估难题，并与银行等金融机构形成联盟共识，通过区块链的分布式验证，共建信用识别和认定机制，帮助中小微企业解决采购与融资难题。

（4）保险。

保险经营过程中，信用是基础，而传统的“社会信任”模式已经难以适应社会和经济发展的需要。保险标的是保险利益的载体，是保险合同的基础，也是经营管理的主要对象。“唯一性”是保险标的管理的基础和重点，也是保险承保和理赔定损的难点所在。每年全球艺术品和收藏品的伪造和诈骗行为给保险业带来20多亿美元的损失，传统技术手段难以防范。在区块链的应用背景下，其分布式和加密技术特征，结合相关识别技术，可以为解决身份“唯一性困境”提供解决框架和实现路径，确保数据和信息真实可靠，有效溯源，为防范保险欺诈提供有力技术保障。利用区块链的时间戳和分布式特征，结合物联网技术，可以为时间和空间范畴内的保险唯一性解决提供全新的可能。同时，还可以打破时空的局限，实现基于区块链的跨时空的信息管理，为保险产品和服务创新，特别是场景化和碎片化的创新奠定基础，构建基于风险标的更加细化和动态的保险解决方案，实现个性化和高效的保险服务。

典型应用案例：蓝石科技的风险精算和风险管理平台

蓝石科技与科技保险平台合作，利用大数据 + 区块链的底层技术，建立了针对非标人群的风险精算和风险管理平台。同时，与各地卫计委、三甲医院、专业医疗机构合作，接入了多地、多家医疗机构，建立了国内最大规模的、服务于保险场景的联盟链，获取了大量精准的医疗及费用数据，并基于对这些数据的精准分析，在国内首家推出癌症患者带癌投保的抗癌险，为 65 岁老人、慢病治疗人群等提供了多款差异化保险产品。在实际业务开展过程中，蓝石科技利用区块链技术，将保险产品信息及投保过程、流通过程、营销过程、理赔过程的信息进行整合并写入区块链，实现了全流程追溯、数据在交易各方之间公开透明，以及保险公司、保险机构、监管部门、消费者之间的信任共享，最终形成一个完整且流畅的信息流，取得了良好的社会效益和经济效益。截至 2017 年 12 月，付费用户已超 80 万，单月保费规模超过 1000 万。已经与多个区域的多个机构建立了业务合作。仅辽宁一地，就与 40 余家医院，200 多家教育机构，近千家养老机构确定了合作关系。

（5）资产证券化。

在资产证券化领域，传统模式下，ABS 业务链条较长，包括基础资产的转让出表、基础资产的打包发行、为 ABS 提供财产担保等，其涉及的资产也较多，包括基础资产、担保资产、ABS份额等，面临着资产现金流管理有待完善、底层资产监管透明性和交易效率亟待提高等问题。而区块链技术为我国证券行业的发展成熟创造了契机。在证券发行方面，一方面可以将证券发行、分配、交易等行为电子化，提升发行效率。在区块链平台上发行的智能证券，以数据形式存储其信息和运转状态，将各种金融工具和相关的合同协议进行建模，使得复杂的金融工具操作流程自动化，提升了发行效率。另一方面将减少信任成本。在信息披露方面，区块链的交易信息透明化可以实时暴露多种曲线敛财的违法行为。除了传统的信息披露外，可以通过区块链把IPO业务过程中的信息提供给市场参与者和监管部门，方便监管部门、社会中介机构便捷地对数据进行查询、比较、核验，进一步提升公司IPO的透明度。

在证券清算与交收方面，区块链技术可以减少中介环节、简化结算流程。在美国从证券所有人处发出交易指令到登记机构确认这笔交易通常需要“T+3”天。而从技术上说，如果通过智能合约直接实现买方与卖方的自动配对并且自动实现结算和清算，整个过程仅需10分钟，可大大提高清算结算的效率。

典型应用案例：云象区块链推出区块链防伪平台

2017年2月，云象区块链助力兴业银行推出区块链防伪平台。区块链防伪平台是兴业银行利用区块链分布式高可用、公开透明、无法作弊、不可篡改、信息安全等技术特性，研发的一个高级别的通用存证、防伪平台，具有适用面广、接入简单、防伪防篡改能力强等优点。区块链防伪平台已提供了通用的数据防伪存证、数据验证、历史记录查询、数据查验、文件查验等功能模块以及平台防伪服务相关 API。

（6）跨境支付。

现在跨境支付普遍采用的 SWIFT（Society for Worldwide Interbank Financial Telecommunication，环球同业银行金融电讯协会），其流行原因是它建立了统一的账户的表达方式。加入 SWIFT 的机构都会有自己的身份代码（即 SWIFTCODE，相当于银行的“身份证号”），这一代码是一个 8 到 11 位的字符串，它又被称为银行识别码（Bank Identifier Code，BIC）。BIC 的前四位为银行代码，紧接着的两位是国别代码，之后的两位是地区代码，后面可能还会有 3 位，是分支行代码。每个 SWIFT 成员机构也会有统一的客户账户的表达标准，这个叫国际银行账户号码（International Bank Account Number，IBAN）。SWIFT 成立于 1973 年，它是一家金融报文传送服务机构，总部位于比利时，目前，其报文传送平台、产品和服务对接了全球超过 11000 家银行、证券机构和企业用户，覆盖 200 多个国家和地区，其致力于帮助用户安全地通信，以可靠的方式交换标准化的金融报文。根据 SWIFT 官网，每天平均有超过 2600 万条信息通过其网络传递。

在原有的 SWIFT 网络中，只有 SWIFT 会员机构才能进行跨境支付交易。基于区块链的跨境支付实际上是用比特币或 Ripple 币等虚拟货币做中介来实现的跨境支付。具体而言，系统会将代币/数字资产作为中介，先把汇款人所在地的法币转换为代币/数字资产，再在收款端把代币转换为收款人所在地的法币，以此完成跨境支付。

区块链在跨境支付中的优势：

更快。传统跨境支付模式中银行会在日终对支付交易进行批量处理，通常一笔跨境支付需要至少24小时才能完成。而且传统支付模式中，银行间需要进行人工对账，这也会耗费一些时间。而基于区块链的跨境支付接近于"实时"，并且是自动的，它可以7×24小时不间断服务。汇款方可以很快知道收款方是否已经收到款，从而了解这笔支付是否出现了延迟或者其他问题。全球第一笔基于区块链的银行间跨境汇款在传统支付模式中需要2到6个工作日，但使用了Ripple的技术，8秒之内即完成了交易。

更便宜。传统跨境支付模式有四块成本：支付处理成本、接收费用、财务运营成本和对账成本。根据世界经济论坛报告《全球金融基础设施的未来》，一般而言，汇款人的汇款费用是汇款金额的7.68%。麦肯锡报告《2016全球支付：尽管时局动荡，基石强劲不变》称银行使用代理银行完成一笔跨境支付的平均成本在25美元到35美元之间，该成本是使用自动交换中心（Automatic Clearing House，ACH）完成一笔国内清结算支付成本的10倍以上。而基于区块链的跨境支付能降低成本。麦肯锡报告《区块链：银行业游戏规则的颠覆者》称区块链技术在B2B跨境支付与结算业务中的应用将使每笔交易成本从约26美元下降到15美元，其中约75%为中转银行的支付网络维护费用，25%为合规、差错调查，以及外汇汇兑成本。

更多流动性。传统跨境支付模式中，银行为了保持流动性，需要在银行账户中持有多个国家的货币，这种账户被称为"往来账户”。由于汇款行难以预知代理行具体何时会确认自己的转账信息，不得不在往来账户中持有一定量的外币。而基于区块链的跨境支付模式中，银行只需要使用数字货币。

典型应用案例：中国银联区块链跨境汇款服务平台

中国银联、中国银行合作，由趣链科技提供区块链底层技术，依托银联的“银联速汇”业务，利用区块链平台的安全性和信任机制来管理与记录境外汇款人向境内收汇人汇款的所有关键信息。通过区块链技术使得汇入、转接、收汇机构可以查询到交易流转，在不改变中国银联核心系统情况下，实现信息的实时同步，将汇款信息查询效率从几十个工作日缩短到秒级。

2. 政务

（1）电子政务。

电子政务是指国家机关在政务活动中，全面应用现代信息技术、网络技术以及办公自动化技术等进行办公、管理和为社会提供公共服务的一种全新的管理模式。

近年来，伴随互联网技术和新兴技术的发展，电子政务已实现了飞速发展。根据联合国发布的《2018 联合国电子政务调查报告》显示，与2014 年相比，电子政务发展指数（EGDI）从 0.47 上升至 0.55，全球 193 个联合国会员国都提供了某种形式的在线服务，各国都在稳步推动电子政务的发展。

中国的电子政务发展指数为 0.6811，排名 65 位，属于高 EGDI 国家，但较非常高 EGDI 国家仍有一定的差距。20 世纪 80 年代，中国电子政务概念雏形出现，在 1999 年，电子政务建设开始受到重视，而后中国开始逐步着手电子政务平台的建设，推进政府工作的自动化、信息化。2006 年，中共中央办公厅、国务院办公厅印发《2006—2020 年国家信息化发展战略》，将发展电子政务纳入国家信息化战略规划；2011 年，工信部发布《国家电子政务“十二五”规划》，提出六个针对电子政务的发展方向和应用重点。而后出台一系列国家层面政策，推动促进电子政务发展与建设。2018 年我国电子政务市场超过 3000 亿元，根据前瞻产业研究院预测，预计未来 5 年内，电子政务将保持 13% 的年增长率。

现有的电子政务系统仍面临诸多痛点，而区块链技术能够与电子政务完美结合，解决现存的痛点。在现有的电子政务系统下，各部门之间的网络基础设施、业务系统、数据资源均处于割裂、碎片化状态，并且缺乏标准统一的数据结构和数据接口，“数据孤岛”现象仍存在，不同部门间数据的流通、共享、协同仍存在一定难度。区块链技术本身所具有的不可篡改、可信任、可溯源等优势，能够打通政务的“数据孤岛”，实现原有条块化机构数据的交换与业务协同。

政务数据种类多样，涉及面广，是政府进行国家治理、制定决策的重要数据来源。政务数据中包含气象数据、公民隐私数据、国家机密等不同级别的涉密数据，不同涉密数据的公开性不同。厘清数据隐私和安全共享的边界，也可以弥补现有电子政务发展上遇到的不足。区块链技术囊括强大的公私钥保密体系和智能合约技术，能够为政务数据建设涉密分类共享体系赋能。通过完善政务服务信息资源目录体系和涉密分类共享体系，结合区块链的公私钥体系，并通过手动或智能合约控制私钥权限，能够实现不同涉密级别数据的不同权限的分类共享，提高自主保障能力，切实保障政务信息系统的安全可靠运行。

典型应用案例：南京市区块链电子证照共享平台的项目

2017年，南京市信息中心牵头，启动了区块链电子证照共享平台的项目建设，将房产交易、人才落户、政务服务一张网等多项民生事项纳入区块链政务数据共享平台中，实现政务数据跨部门、跨区域共同维护和利用。南京市现在的政务数据和电子证照绝大多数通过区块链政务数据共享平台实现共享到各个业务系统，包括工商、税务、房产、婚姻、户籍等等；截至目前，南京市区块链电子证照共享平台已经对接公安、民政、国土、房产、人社等49个政府部门，完成了1600多个办件事项的连接与600多项电子证照的归集，涵盖全市25万家企业、830万自然人的信息。

（2）电子发票。

发票是指一切单位和个人在购销商品、提供或者接受服务以及从事其他经营活动中，开具、收取的收付款凭证，是记录经营活动内容的载体，是最基本的会计原始凭证之一，是加强财务管理的重要手段，同时也是税务机关控制税源、征收税款的重要依据，对保护国家财产安全、维护国家经济秩序有着重要意义。

我国拥有世界上较为先进的税务发票系统。但现有的发票形式为纸质发票和电子发票，仍面临假发票难管控、难杜绝的问题。在我国，假发票主要有三种表现方式，即假发票、虚开发票（真票假开）和套用发票。假发票即私印、伪造发票，虚开发票即为真票假开，指不如实开具发票的一种舞弊行为，套用发票则指套用发票自填自报的行为。另外，发票的开具、报销等流程烦琐，对税务局来说，报销涉及很多的人工整理、人工审核工作，效率低下；对报销企业来说，每次需要整理纸质发票，核算金额，并且还要担心“一票多报”和“假发票”等问题，防止出现财务管理风险及税务违法风险。以上痛点均是由于税务管理部门无法明确获知企业资金流水数据所导致，而企业又不愿意将自身的财务数据公之于众，税务管理部门和企业均存在一定的信息孤岛问题。

针对目前税务发票面临的痛点，区块链技术能够利用自身特性很好地解决相应问题。通过公私钥体系或是链上身份标识，保证了发票的真实性、唯一性，并且开具的发票在链上流转，很好地解决发票流转过程中的信息孤岛问题，实现发票状态的全流程可查可追溯，并且能够实现发票的不可篡改，解决发票的一票多报问题；此外，区块链网络将税务管理部门和纳税企业纳入区块链税务生态中，实现“资金流、发票流”的二流合一，打通“支付—开具—报销—入账”的全流程，极大缩短开票、报销的流程，并且，由于发票的流转在链上是可查可追溯的，能够帮助税局等监管方实现实时性更好的全流程监管。

典型应用案例：国家税务总局区块链电子发票项目

2018年8月，由国家税务总局指导、国家税务总局深圳市税务局主导落地，由腾讯区块链提供底层技术支撑的区块链电子发票实现落地，利用区块链的分布式记账、多方公式和非对称加密等机制，解决了发票流转信息上链，打通了信息孤岛，并且通过链上身份标识，确保了发票的唯一性和信息记录的不可篡改，同时纳入税务局等监管机构，帮助政府实现更好的全流程监管，最后，由于腾讯区块链电子发票将税务机关、开票企业、纳税人、收票企业整合到区块链上，实现发票开具与线上支付相结合的效果，打通了发票申领、开票、报销和报税的整体流程。截至 2019 年 8 月 5 日，腾讯区块链技术开出的深圳区块链电子发票已近 600 万张，日均开出 4.4 万张，累计开票金额达 39 亿元。

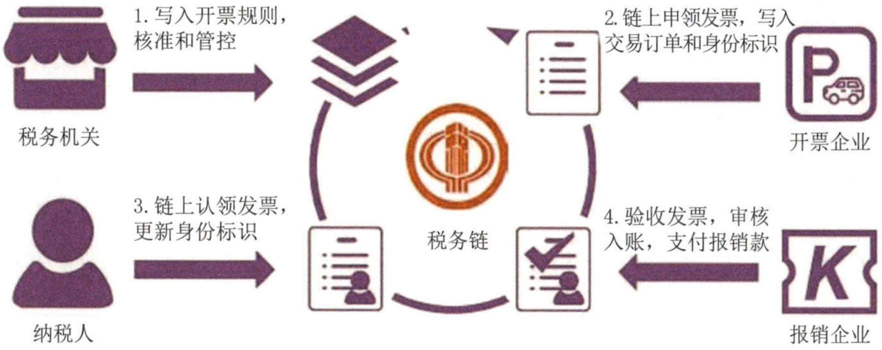

图 7—2 腾讯区块链电子发票业务流程示意图

资料来源：腾讯研究院：《2019 腾讯区块链白皮书》，2019 年 10 月。

(3) 司法存证。

司法存证是指以电子数据形式存储的证据信息。随着数字化浪潮的发展，电子证据的作用日渐突出，成为证据体系的重要组成部分。我国不断推动司法改革与现代科技的深度融合，在 2012 年就将电子证据作为新的证据种类纳入立法，使电子证据获得了独立的证据地位。据《2018 年中国电子证据应用白皮书》数据显示，全国民事案件超过 73% 涉及电子证据。虽然电子证据近年在相关立法的加持下快速发展，但是传统的电子证据存证在司法实践当中仍存在诸多痛点。区块链技术作为近年来新兴的技术，能够与电子存证进行完美结合，解决现有电子存证存在的诸多痛点，加速推动司法改革与现代科技的深度融合。

即使现有司法已经对电子证据的取证等做了一系列的规定，但是在真实司法场景中，仍然存在一定的局限性。由于传统电子存证由单方进行存储，不论是公证存证，抑或是第三方存证，都存在数据丢失的风险，并且单方存证存在的最大的痛点是容易被篡改，而容易被篡改就造成了电子存证的司法“三性”无法得到很好的解决。司法解释中对电子证据原件赋予了法律效力，复制品不可成为定案依据，而现有很多的电子证据均涉及互联网软件，这些电子证据的取证只能由当事人或软件服务商来完成，这就给电子证据原件的篡改创造了一定的空间，即使由软件服务商来提供，也无法确保其所提供的电子证据未经过篡改。由于司法解释中仅对“电子证据原件”赋予法律效力，但如何证明所出示的电子证据属于“原件”，在传统的技术框架下难以解决。

区块链技术凭借自身的技术特点，包括分布式存储、防篡改、可追溯等特点，能够为电子证据的大规模落地提供强有力的支持。首先，区块链能够打通司法、仲裁等政府机关，实现电子证据的多方存储，实现了电子证据的一致性，并且为电子证据提供强有力的法律效力支持。其次，由于区块链数据的存储采用链式结构，一段时间内的数据将通过哈希算法以区块的形式存储，并按照时间顺序前后区块相连形成链状结构，后一个区块的信息包含一个哈希指针指向前一个区块的信息，若要篡改某个时间点的数据，就需要将这个时间点后产生的区块全部修改，当配合了连通司法、仲裁等政府机关的分布式存储，使得对数据进行篡改变成了一项几乎不可能完成的行为。最后，由于区块链存证均会为电子证据加盖可信时间戳，结合区块链可溯源的特性，能够实现电子证据的“自我鉴真”的效果。

区块链技术除了在存证领域的种种优势，它的价值也是有法律背书的。2018 年 9 月 7 日，中国最高人民法院公布了《最高人民法院关于互联网审理案件若干问题的规定》即日起施行。其中第十一条规定指出：“当事人提交的电子数据，通过电子签名、可信时间戳、哈希值校验、区块链等证据收集、固定和防篡改的技术手段或者通过电子取证存证平台认证，能够证明其真实性的，互联网法院应当确认。”自此区块链存证得到了我国法律的认可。

典型应用案例：中经天平司法电子证据云

由中经天平开发的司法电子证据云——真证向知识产权、互联网金融、大宗商品、电商交易、物流等行业企业提供电子证据取证、保全、认证、鉴定、验证等全方位电子证据保障服务。司法电子证据云是被司法机关认可的电子数据保全平台，通过应用云存储、可信时间、电子数据加密、区块链及先进电子数据取证保全技术，确保了电子证据的原始性、真实性。并且，中经天平还打通审判调解和司法执行环节，上线“版权线上调解平台”和失信人曝光平台“易执行”，为知识产权维权提供多元化调解机制，破局司法执行难题。

司法电子证据云通过联盟链形式连接相应各方，权威政务级司法区块链节点由司法鉴定中心、国家信息中心、中国科学院国家授时中心、中国司法大数据研究院、法院等权威机构组成，并进行电子数据审计监督，为版权保护提供最强有力的公信力和执行力。使用上，实现用户版权登记、版权监测、版权取证和司法维权一站式服务，降低存证、举证、维权成本，高效率解决知产行业问题。

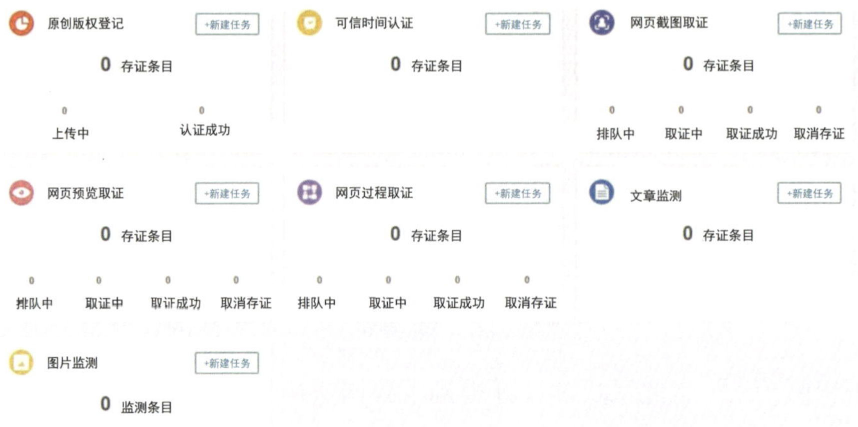

图 7—3　司法电子证据云用户界面

3. 医疗

（1）医疗服务。

随着互联网的发展，传统医疗产业的信息化、数字化改造已大部分完成，“互联网＋医疗”的各种商业模式也趋于成熟，进入了稳健发展阶段。现有的线上问诊、在线支付报销、分级诊疗等互联网医疗服务，让百姓寻医问诊等流程变得更加扁平化、更加高效便捷，一定程度上降低了就医难、就医贵的问题。然而，现有的医疗服务体系中仍然存在一些问题，比如医疗信息不通畅导致就医体验差、缺乏信任关系造成医患矛盾、患者隐私数据泄露等。

由于区块链技术具备点对点传输、不可篡改、可追溯等特点，得以通过区块链在保障患者数据隐私的前提下，打通医疗数据的信息流通，改善机构之间互为数据孤岛的现状，重建医患之间的信任，提高行业效率。区块链可以为患者数据上链，打通信息流转，优化就医体验；同时建立医患信任，化解医患矛盾，区块链不只将病患的数据记录在链上，同时也会对医疗机构及医疗人员的相关信息进行记录，患者可以通过查看链上数据，考察医疗机构及人员的专业资质，了解医疗人员的操作记录，这一定程度上缓解了医患之间的信息不对称；此外，由于患者的相关信息数据在区块链上是经加密处理的，第三方调用数据需要获得患者的私钥授权，很大程度上避免了患者数据被商业化滥用，保护患者的数据隐私。

典型应用案例：欧碧堂中医链

欧碧堂公司开发的中医链是国内首个区块链中医理疗项目，有两大核心应用平台：共享中医平台与中医专长师承平台。利用区块链、智能合约能够清晰记录这两大平台上大量的医师数据、中医工作者的诊疗、培训、师承过程以及患者的健康档案，从而构建中医体系数据库。两大平台是相辅相成、良性循环，以智能合约的方式，针对已经取得中医执业资质的中医师和技师提供资质登记、身份验证公示和患者中医体系下健康档案的建立完善，以及依托中医链平台开展共享中医诊疗业务，将“伪中医”排除在外，实现中医人持久、良性的变现。另外，在智能合约上针对中医大师和希望向中医大师进行专长、师承学习的行为开展众筹投资，帮助中医大师与希望提高医术的中医师技师进行登记确权、身份验证、专长师承溯源，从而实现外部资金对中医的支持，同时实现中医大师持久的变现。通过中医链共享平台 App，患者和医生通过上传诊疗资料都将获得一定代币的奖励。

欧碧堂旗下专门的药物生产商，将对每种药品都进行全网唯一ID编码，出入库时经密钥验证后智能读取电子标签信息，将数据上传记录到链上，建立全网唯一映射。之后用户在门店理疗时，可直接用 App 或电子钱包扫描药品，药物的产地、流转、生产时间及配方等都一目了然。理疗医师的认证管理：每名医师的学历认证资料、执业资质认证资料、专业培训认证等都会进行存证，便于患者核实。连锁店账务管理：将数字货币作为代币分发，用户的支付、连锁店的记账都是以代币的形式，每笔消费交易都实时记录在链上。而每一连锁店即作为一节点，相互间进行记账监督，从根本上杜绝了连锁加盟店虚假报账的可能。区块链结合电子病历记录，对客户的治疗和恢复进行追踪：客户通过扫描二维码、进行指纹身份识别，可建立个人数字身份，每次理疗时的病情、接受服务、疗效与进度等信息都会同步至链上，形成会员自己的健康隐私档案。

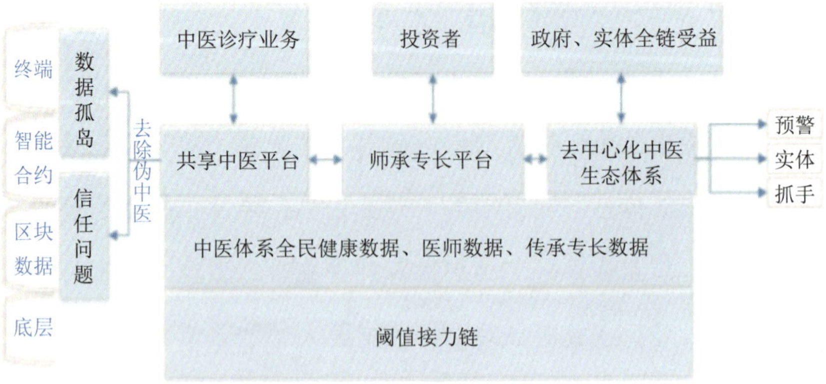

图 7—4　中医链生态图

资料来源：《国内首个区块链中医理疗项目——中医链，打造共享中医平台》，https：//www.lieyunwang.com/archives/4116.

（2）医药制造。

医药的研发是一个长期依赖大量数据的领域，医药制造的透明性也与民生息息相关。然而，因为种种原因，医药研发过程中数据难以取得，制造过程中也难以保证透明性：临床数据缺失，不利于药物研发：临床及试验数据对于药物的研发阶段至关重要，但由于临床数据涉及病患隐私，加上数据源呈分散状态，大约一半的临床试验数据未对外公布，临床医生和管理人员在整合分析数据上面临着重重困难。

数据的缺失将不利于药物的研发过程，也一定程度上抬高了制药企业的研发成本。假药、劣药泛滥，难以根除。由于缺乏适当的追踪机制，药物供应链中存在着大量的薄弱环节，导致假药、劣药的出现。假药、劣药的生产及贩卖不仅危害用药患者的生命财产安全，也侵害了正规药厂的权利。这些问题政府、医疗机构每年都会花大力气想解决，但总有鞭长莫及之处。

区块链可以在一定程度上做出优化。一方面，临床数据流通，助力药物研发：药物研发机构可以通过区块链数据平台，有条件地获得以往不轻易公开，且极度分散的临床数据，有效地降低研究数据获取的门槛，临床数据的质与量均得到了提升，利于药物研发进程。另一方面，患者也可通过授权机构使用自身数据，从中换取相关利益，互利互惠。由于区块链数据具备可追溯的特点，可通过区块链技术透明化药物供应链，对市面上的药品进行溯源追踪。从原材料的获取到药品的生产、储存和分配等环节，进行适当的监控和追踪，保证药品的真实性与安全性，从而打击假药市场，保障各方权益。

典型应用案例：MediLedger 区块链平台

美国基因泰克和辉瑞等制药公司联合推出的 MediLedger 平台就是一个利用区块链进行药物追踪的项目，该项目于 2017 年 9 月上线并进行试点应用。MediLedger 平台符合《药品供应链安全法案》（DSCSA）的相关要求。自 2019 年 11 月 27 日开始，美国制药业将需服从药品供应链安全法的新规定。该法规的其中一个重点是，所有退还给分销商的处方药在转售前必须先与制造商确认处方药产品的唯一性。MediLedger 项目通过区块链网络以满足 DSCSA 的要求。制药商、批发商和医院等药品供应链上的节点都能够在区块链上记录药品运送数据，药店和医院可以从全自动及时的真实响应中受益，而无需手动处理涉及电话和电子邮件的过程，药商也能够安全地请求并响应药品的验证请求。在药品运送过程的每个步骤，区块链网络都能证明药品的原产地和真实性，使得药品盗窃和以假换真变得异常困难。同时也只有被授权的公司能够将产品收录进产品目录中。

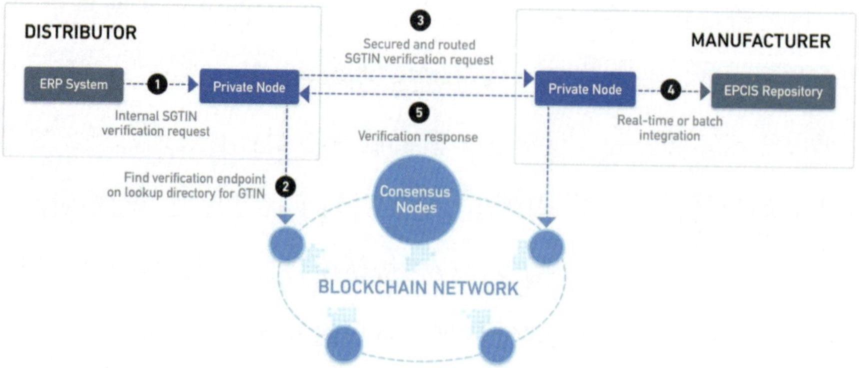

图 7—5　MediLedger 区块链平台流程

资料来源：《MediLedger 区块链平台流程》，http：//www. mediledger. com/.

（3）医疗保险。

医疗保险领域存在理赔流程冗长、报销效率低下、保险欺诈等现象。基于区块链的数据共享模式，可以提高医疗健康保险理赔效率，改善投保人体验，并有效减少保险欺诈，保证医疗保险的公平公正。

典型应用案例：阿里健康“医联体 + 区块链”项目

阿里健康宣布与常州市合作“医联体 + 区块链”试点项目，将最前沿的区块链科技，应用于常州市医联体底层技术架构体系中，并已实现当地部分医疗机构之间安全、可控的数据互联互通，用低成本、高安全的方式，解决长期困扰医疗机构的“信息孤岛”和数据安全问题，是中国第一个基于医疗场景实施的区块链应用。区块链技术的日益普及，给医疗领域带来的革新更是显而易见，在保护患者个人隐私的同时，可以让医疗健康数据以更为安全、快捷的方式来进行全网的共享。阿里健康希望建立一个尽可能连接更多医疗卫生机构的区块链网络，实现医疗场景有价值信息的安全、便捷、可控的流动。

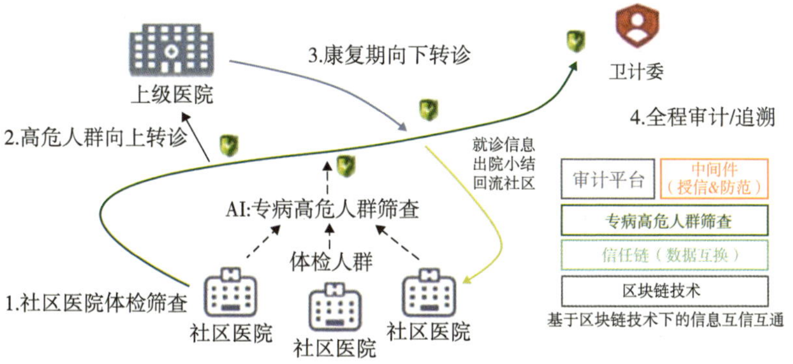

图 7—6　阿里健康　“医联体 + 区块链”　项目示意图

资料来源：《阿里健康携常州医联体，国内首个医疗“区块链”落地》，http：//fashion. ifeng. com/a/20170818/40277655_ 0. shtml.

4. 知识产权

知识产权，也称为“知识所属权”，指“权利人对其智力劳动所创作的成果和经营活动中的标记、信誉所依法享有的专有权利”。知识产权是关于人类在社会实践中创造的智力劳动成果的专有权利。知识产权行业从横向市场来看分为版权市场、专利市场、商标市场；从纵向环节分为确权、用权和维权，其中确权主要指版权申请、登记、复议和认证等业务，用权主要涉及版权授权、收费和交易等业务，维权主要是侵权调查、预警和诉讼等服务，与法律制定等息息相关。

近年来，知识产权服务市场规模保持持续增长。2018 年我国专利申请量（包括发明专利、实用新型和外观设计）为 432.3 万件，同比增长 16.9%，近五年来专利申请总量增长近一倍；与此同时，在当前互联网生态下，知识产权侵权现象频发，2018 年全国知产诉讼案件量（民事和行政案件）32.8 万件，同比增长 40.8%，近五年来知产诉讼案件增长率持续递增，由 2015 年的 11.5% 上升到 2018 年的峰值 40.8%。

知识产权的确权、用权和维权在全球均是棘手的问题，区块链技术凭借自身优势，能够很好地推动知识产权行业步入新纪元。首先，确权是知识产权的基础，只有先确权了，才会有后续知识产权的用权、维权。从知识产权现有的发展情况来看，确权的流程复杂且烦琐，耗时长，甚至有些知识产权的确权需要支付一定的费用，一定程度上降低了权利人确权的积极性；虽然已经有一些线上确权登记的互联网企业能够实现对版权的快速确权登记，但这些互联网企业各自为政，“信息孤岛”也导致司法对这类线上版权的证据能力、证据效力认可度不同，造成这类互联网确权企业对知识产权的确权、用权、维权环节出现断层。而区块链的去中介化和可信时间戳的不可篡改性，能够推动知识产权行业发展，实现巨大跨越。利用区块链和可信时间戳对知识产权进行存证，能够对每个知识产权生成独一无二且不可篡改的存在性证明；另外，知识产权区块链通过连接司法机关，让司法机关成为知识产权区块链节点，能够为链上存证提供强大公信力，修复后续用权、维权与确权的断层。

典型应用案例：百度图腾维权平台

百度依托百度超级链构建的全新内容版权生态平台——百度图腾，百度图腾连接了百度、内容机构、确权机构和维权机构等节点，为确权提供了强大公信力，同时，也打通了北京市互联网法院等司法机构，为链上司法存证提供了技术保证。百度图腾依托强大的百度引擎，能够将原创内容实现最大程度的曝光，依托人工智能技术，为原创作品实现智能推荐，精准匹配供需双方，提升原创内容的流转效率；同时，依托人工智能技术，对全网侵权行为进行快速定位和存证，为产权人后期的维权提供强大支持。

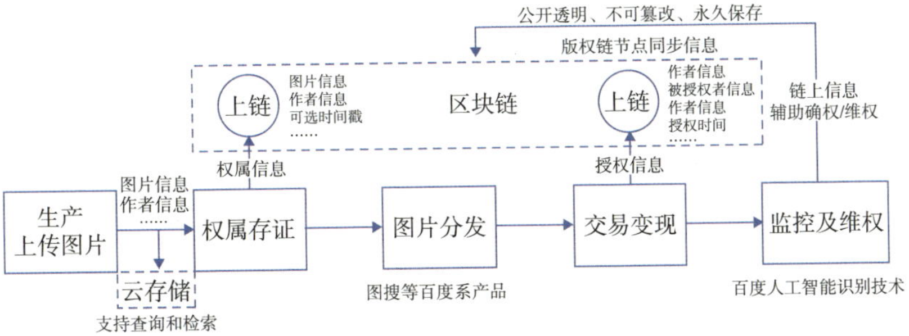

图7—7 百度图腾确权维权流程

资料来源：《百度图腾正式上线，主打“区块链+版权”的图腾能帮百度突围吗?》http：//36kr.com/p/5143860.

5. 公益行业

扶贫和公益，都在社会慈善的范畴之内。但是近些年，受到少量负面案例的影响，慈善行业的受信任程度实际上在不断削弱。舆论监督对慈善行业的批评主要集中在资金流向、利用程度和管理者监督三个问题上。

资金流向是捐助者最重视的问题。不少现行的公益慈善机构，采用的机制不够先进和透明。它们往往会搭建多个资金池，众多捐助者向资金池中注入善款，同时管理单位再从资金池向需要扶贫支持和公益支持的个人和团体提供资助。相比点对点的慈善支持，这种资金池模式的效率确实有所提高，但也因可能会有作恶者从中渔利而屡遭诟病。

利用程度也是社会监督非常关注的问题。相关拨款单位、捐助个人，不但希望能够得知资金是否流向了对的地方，也同样希望资金能够发挥最大的利用效率，精准地帮助贫困地区和欠发达地区。同时，这也是他们委托第三方慈善机构的重要原因，因为这些机构往往是更专业的。但是事实上，2019 年，公益慈善行业（例如春蕾计划）等引起了社会的极大讨论，其主要原因是部分捐助人认为自己的善款未能得到充分利用，违背了其初心。

区块链具有公开透明、难以篡改，全程追溯的特点，因此区块链可以在公益扶贫领域发挥它的特点，优化慈善流程，建设可信体系，增进舆论监督对第三方慈善机构的信任和信心。

典型应用案例：心链

心链是全球首家区块链公益项目，国内版本运行于布萌平台，国外版本运行于以太坊平台。在互联网3.0的时代很多实物资产将被数字化，使用区块链技术将爱心变成一种数字资产，不仅能够让公益和慈善活动变得更透明和可信，而且能够让更多人愿意参与公益活动。与其他资产不同，爱心是一种利他的资产，爱心越多说明你帮助别人越多。所有爱心数字资产将被记录在心链上，心链上记录着公益组织的捐赠金额记录、资金流向，公开透明，还记录着能够跟随每个人一生的助人行为记录。

对于公益组织和慈善机构，心链能够进一步提升公益透明度，公益组织、支付机构、审计机构等均可加入进来作为心链系统中的节点，以联盟的形式运转，方便公众和社会监督，自证清白，助力社会公益的快速健康发展。对于参与公益的企业，能够在心链上发布公益任务，一方面降低获客成本，另一方面也提升了品牌形象，并贡献了爱心。对于参与公益的个人，只要完成相应的公益任务，个人就能获得爱心数字资产，同时也参与了基于区块链的公开透明

图7—8　心链捐赠金额区块链公示

资料来源：《心链捐赠金额区块链公示》，http：//www. xinchain. org/.

的善举，能够在区块链上随时监督善款的数量和用途，并且也贡献了自己的爱心。爱心数字资产的发放通过智能合约实现，更加客观、透明、可信，杜绝过程中的猫腻行为。通过区块链浏览器，方便各参与方查询区块链上的记录和爱心资产的数量。通过区块链浏览器，所有人可以对爱心捐助进行溯源，可以看到捐助的每一笔钱和物资的去向。

第八章

当前区块链发展面临的主要问题

一、技术安全方面

1. 底层代码的安全性

区块链项目（尤其是公有链）的一个特点是开源。通过开放源代码提高项目的可信性，使更多的人可以参与进来。但源代码的开放也使得攻击者对于区块链系统的攻击变得更加容易。2016 年 10 月，国家互联网应急中心发布《开源软件源代码安全漏洞分析报告——区块链专题》，针对区块链领域的知名开源软件，结合漏洞扫描工具和人工审计的方式，在代码层面发现高危安全漏洞 746 个，中危漏洞 3497 个，数量较多的高危漏洞有不安全的随机数、不安全的 JNI、空指针解引用等。2018 年 3 月，慢雾安全团队披露了一起由于以太坊生态缺陷导致的亿级数字资产盗窃事件。攻击者利用以太坊节点 Geth/Parity RPC API 鉴权缺陷，恶意调用 eth_ sendTransaction 盗取数字资产，持续时间长达两年。

应对措施主要有两方面：一是使用专业的代码审计服务，二是了解安全编码规范，防患于未然。

2. 密码算法的安全性

以比特币为例，每个区块都对应一个散列值，采用 SHA256 算法计算得到。在现阶段，该算法依旧满足散列函数的三个特性：单向性、弱无碰撞性和强无碰撞性，是安全的。由于 SHA1 和 MD5 已经被密码学者找到碰撞，所以，不应选取这两个算法作为区块链中的散列算法。

比特币中的交易采用了椭圆曲线数字签名算法 ECDSA，确保了交易的完整性。比特币中的椭圆曲线采用的是 Koblitz 曲线（secp256k1）而非美国国家标准与技术研究院（NIST）推荐的 secp256r1。虽然当前并无证据，但有分析认为 secp256r1 有可能是被 NIST 选取的带后门的椭圆曲线，而比特币在无形中避开了这一风险。

随着量子计算机的发展，越来越多的研究人员开始关注能够抵抗量子攻击的密码算法，如基于格的密码算法等。椭圆曲线密码并不能抵抗量子攻击，当对于密码的量子攻击在未来成为现实时，所有不能够抵抗量子攻击的密码算法都存在较大风险，需要被替换。不过，在比特币中，比特币地址是对公钥进行散列并使用 base58 编码后的结果，如果比特币资金存放在一个没有支出过的地址里，这意味着公钥尚未公开，则它们在量子计算机面前是安全的。

应对措施有：作为设计者，一是在设计时采用现阶段安全的密码算法，同时关注抗量子攻击的密码研究的进展，在其成熟后优先考虑使用；二是参考比特币对于公钥地址的处理方式，降低公钥泄露所带来的潜在风险。作为用户，尤其是比特币用户，每次交易后的余额都采用新的地址进行存储，确保有比特币资金存储地址的公钥不外泄。

3. 共识机制的安全性

当前的共识机制有工作量证明（Proof of Work，PoW）、权益证明（Proof of Stake，PoS）、授权权益证明（Delegated Proof of Stake，DPoS）、实用拜占庭容错（Practical Byzantine Fault Tolerance，PBFT）等。PoW 面临 51% 攻击问题。由于 PoW 依赖于算力，当攻击者具备算力优势时，找到新的区块的概率将会大于其他节点，这时其具备了撤销已经发生的交易的能力。需要说明的是，即便在这种情况下，攻击者也只能修改自己的交易而不能修改其他用户的交易（攻击者没有其他用户的私钥）。在 PoS 中，攻击者在持有超过 51% 的 Token 量时才能够攻击成功，这相对于 PoW 中 51% 的算力来说更加困难。在 PBFT 中，恶意节点小于总节点的 1/3 时系统是安全的。

总的来说，任何共识机制都有其成立的条件，作为攻击者，一旦攻击成功，将会造成该系统的价值归零，这时攻击者除了破坏之外，并没有得到其他有价值的回报。对于区块链项目的设计者而言，应该了解清楚各个共识机制的优劣，从而选择合适的共识机制或者根据场景需要设计新的共识机制。

4. 智能合约的安全性

智能合约具备运行成本低、人为干预风险小等优势，但如果智能合约的设计存在问题，将有可能带来较大的损失。2016 年 6 月，以太坊最大众筹项目 The DAO 被攻击，黑客获得超过 350 万个以太币，后来导致以太坊分叉为 ETH 和 ETC。2017 年 11 月 7 日 Parity 多重签名合约漏洞导致 93 万个以太币永久丢失。

应对措施主要有两方面：一是对智能合约进行安全审计；二是遵循智能合约安全开发原则。智能合约的安全开发原则有：对可能的错误有所准备，确保代码能够正确处理出现的 bug 和漏洞；谨慎发布智能合约，做好功能测试与安全测试，充分考虑边界；保持智能合约的简洁；关注区块链威胁情报，并及时检查更新；清楚区块链的特性，如谨慎调用外部合约等。

5. 数字钱包的安全性

数字钱包主要存在三方面的安全隐患：第一，设计缺陷。2014 年底，某签报因一个严重的随机数问题（R 值重复）造成用户丢失数百枚数字资产。第二，数字钱包中包含恶意代码。2017 年，有网友使用某投资微信群推荐的钱包软件，导致数字丢失资产。第三，电脑、手机丢失或损坏导致的资产丢失。

应对措施主要有四个方面：一是确保私钥的随机性；二是在软件安装前进行散列值校验，确保数字钱包软件没有被篡改过；三是使用冷钱包；四是对私钥进行备份。

二、监管适配方面

区块链作为一个新兴的技术发展方向和产业发展领域，引起了全球科技、经济、法律和政府人士的广泛关注，其具有在全球范围提供一般信任服务的潜力。然而，区块链技术的出现也为当前的法律和监管提出了新的问题。区块链因去中心化、难篡改、自激励的特性，使其成为一个由技术驱动但深刻影响着经济、金融、社会、组织形态及治理的综合课题。但区块链社区及其产业并非法外之地，“代码即法律”（Code is Law）的激进法律和社会实验也必须要与社会法律体系相适配。从总体视角来看，区块链技术因其内在的五大特性，对当前的法律监管带来了新的问题和挑战。一是去中心化的分布式共享账本带来了监管主体分散的问题。二是自动执行的智能合约带来了其法律有效性的问题。三是区块链难以篡改的特性带来了数据隐私和内容监管问题。四是激励机制与数字资产特性带来了金融监管问题。

因此，相应的挑战涉及以下事项：第一，区块链网络控制中的民事和刑事责任，以及公共法视角下的其他责任来源。第二，对网络参与者（人或非人）的控制管理监督，包括开发者、管理者、协会/社区管理者以及参与其中的法人。第三，区块链记录和数据的权威来源，区块链记录法律有效性。第四，数字资产对现有金融系统的挑战。第五，符合现有法规的个人数据保护和内容管理。

1. 分布式共享记录导致相关监管责任主体分散

本质上，区块链是一个分布式的共享账本网络。在分布式网络结构中，没有中央存储数据库，网络中的节点可以通过多条路径来互相通信。同时由于没有中心化的参与者，网络节点本身也是难以直接管控的。所以，从法律和监管意义上讲，节点设立的一般性规则仍不明确。按照区块链网络类型的不同，这一问题呈现出不同的形态。第一，私有链的情况。虽然私有链系统仍具有多个节点，但其本质上是属于一个法律主体控制的。因此，在私有链的环境中，节点的设立与其成员的法律关系完全兼容于当前的社会法律架构。第二，联盟链的情况。与私有链类似，联盟链的节点（成员）也是需要认证和许可的。但不同于私有链，联盟链通常是在不同的法律主体之间搭建的区块链网络，并且，在一些情况下，联盟链的网络是在不同国家、地区的主体间搭建的，这就会涉及现行法律对在不同国家设立节点的适用性问题。例如，2019 年 6 月由 Facebook 公司牵头的天秤座（Libra）项目就是由各个大型集团通过联盟链的方式形成的组织结构，是一种跨国、跨公司组织的新模式。天秤座（Libra）的各项管理和决策事物由 Libra 协会共同管理，并且管理是结合 Libra 区块链共同开展的。面对这种新的组织形式，涉及法律责任主体、垄断、竞争和失败处理问题，以及民商法对其组织形式的定义，如多边财团、分布式自组织等性质需要在法律上进一步明确。另外，跨境的联盟链也涉及跨境数据和本地化问题。第三，公有链的情况。由于公有区块链完全没有任何的节点准入限制，全球任何人都可接入，上述谈及的问题均可出现，并且，由于公有链几乎完全无责任主体，节点的监管难度大，法律属性及监管政策需全球多国协作共同推进。

2. 智能合约自动强制执行法律有效性仍待商榷

由于区块链上的智能合约可自动执行，并且其执行只依赖于智能合约中设置的条件。因此，智能合约可以自动执行一些通常与具有法律约束力的合约相关联的流程。在现代社会中，一旦发生合约违约，合约的执行和强制力最终诉诸司法机关，司法机关的执行和强制力必然伴随着高昂的司法与社会成本。而基于区块链的智能合约因其“自动执行”和“中立”的特性，极大地节约了整体的信任成本，使得不同的主体在不互信和无中介的条件下展开协作，开启新形态的商业模式。需要注意的是，相比于传统合约，智能合约并没有取代司法，它只是通过机器将“执行”的过程自动化、强制化地完成，减少缔约双方的监督成本。然而，基于区块链的合约在真正的商业实践中，仍旧面临着较大的法律障碍。

首先，关于智能合约的法律定义问题。目前，对基于区块链的由计算机程序编写的涉及多方权利义务的合约（智能合约）仍未有明确法律定义。换句话说，虽然智能合约在技术上是可用的，但其合约的法律“合法性”仍未明确规范，其中涉及的底层链技术要求、合约的标准等还未形成，如果出现像智能合约失效或出现程序性错误或被盗的情况，其中多方的法律责任亦难以判断。

其次，关于智能合约的隐私性问题。公有链的智能合约通常会将合约代码及所执行的交易广播到整个网络，所有节点均会公开可见。基于对隐私问题的担忧，在大量的商业场景中，智能合约难以取代传统法律合约。如果没有强有力的隐私保护机制，智能合约不适用于像对关键供应商付款、敏感交易等需高度保密的协议合约。

再次，智能合约“预言机”（Oracle Mechanism）机制问题。所谓预言机，是区块链与外界沟通的渠道，即链下数据上链的机制。由于智能合约及区块链“一经部署，难以更改”的特性，智能合约的调用条件在部署时配置，而后续触发智能合约执行则需要其他的条件，如果智能合约的触发条件来自外部世界，如某地的气温、商品货物的流转情况等，则一定会涉及外部信息上链。通常情况下，外部信息的来源是第三方数据源，但区块链只能保证来自外部的数据无法篡改，无法保证真实准确。因此，外部信息的真实性就依赖第三方的主体信用。因此，数据上链问题导致智能合约更新需要依赖上链人的“信用”。尽管目前出现了多种去第三方的预言机方案，如通过对信息进行投票、硬件传感器信息上链等，但仍没有一个普遍适用的方案存在。

最后，关于智能合约的适用性问题。智能合约依赖形式化的编程语言，适合创建刚性代码规则管理的、客观可预测的义务，而不适合记录模糊或开放性的条款，或在签订合约时没有准确边界或明确的权利义务。实际上，并非所有的商业合同都会精确界定商业关系，大量的开放性协议条款，在执行时往往会不断进行具体的修正以适应意外事件和关系变化。而为了执行智能合约，各方需要精确界定履行的义务，但在一些商业活动中，由于义务无法提前预测，智能合约很难灵活地处理这些契约关系。

3. 上链数据难以篡改带来隐私及内容监管风险

2018 年 5 月 25 日，欧盟《一般数据保护条例》（GDPR）正式生效，GDPR 不仅适用于位于欧盟内的组织，而且适用于欧盟之外的向欧盟数据主体提供商品或服务或监控其行为的组织。GDPR 的核心要求，如数据最小化、对国际转让的限制和个人的擦除权利（即“被遗忘的权利”）与区块链数据难以篡改、难以删除的特性相冲突。具体来说，可能的不适配及冲突体现在以下方面：

第一，数据保护责任主体。GDPR 下的责任主体主要有两个：数据控制主体（Data Controller）和数据处理主体（Data Possessor）。数据控制主体为“决定数据处理目的和手段的自然人或法人”；数据处理主体是指“代表数据控制主体进行数据处理的自然人、法人、权力机构、代理人或其他主体”。

然而，在分布式存储的场景下，数据并不是存储在中心化的数据库中，而是存储在系统的每一个节点上。数据主体将数据存储到区块之后，系统随机选择的矿工将会把区块中的数据通过哈希算法编入链上，链上每个节点的账单都会对新增节点进行更新。对联盟链及私有链来说，其一般会设置一定的准入机制和中心化管理机制，也会有类似管理员的角色对其交易数据的存储进行干预，一般具有较为明确的控制主体和数据处理主体。但对于公有链来说，网络中的节点完全是平等的，节点对于信息的管理能力也是极为有限的，因此存在数据保护责任主体不明的问题。

第二，数据的访问、修正及删除权问题。根据 GDPR 第 15、16、17 条的规定，数据主体可以就与其相关的个人数据是否正在被处理、在何处被处理以及因什么目的被处理的问题从管理者处查询；数据主体有权要求数据控制主体对不准确的他/她的个人数据进行修正；数据主体有权让数据控制主体擦除他/她的个人数据，停止进一步传播数据，并有权要求第三方停止处理数据。

对于这三点要求来说，与数据保护主体类似，在私有链、联盟链的可控环境中，上述问题能较好解决。但是在公有链的环境中，无论是数据的修正、删除，还是发布数据的责任主体都难以确定。在这一点上，GDPR 的数据删除、修改权似乎与公有区块链产生了不可调和的矛盾。类似地，对于公有区块链来说，由于任何人都可以在其数据库中写入数据，其信息内容的监管也成为问题。对此我国首先就区块链提供信息服务出台专门的管理规定。随着监管的发展，我们有理由相信，任何利用公有链区块链技术进行与互联网内容传播有关的违法犯罪活动，在各国都会受到法律的追究。

4. 激励机制的数字资产特性引发金融监管问题

由于公有链代码设计和运行中都包含相应的代币（或通证）设计，这些代币的法律定义是什么、以何种方式去监管、税收政策等是数字资产监管所面临的主要问题。

第一，数字资产的性质问题。作为价值激励的载体，数字资产与公有链密不可分。但实际上数字资产又有若干类型，业界也有不同的划分标准。例如，新加坡是提出区分“证券性代币”（Security Token）和“使用性代币”（Utility Token）并予以官方确认的国家，对“使用性代币”并不按照证券法的规定进行监管。澳大利亚金融市场管理局从金融监管的角度把 Token 划分为证券型、投资型、支付型、货币型及实用型。美国对于区分某个具体代币是否属于证券，是否采取个案甄别的方式，依据其判例法确定的“豪威测试”（Howey Test）原则来确定，并需要按照证券管理的法规进行监管。我国于2013年12月5日发布《关于防范比特币风险的通知》，否定了比特币的货币属性，禁止金融和支付机构开展与比特币相关的业务，要求比特币交易网站进行备案，并且提示了通过比特币洗钱的风险。

第二，数字资产的规范问题。数字资产天然具有匿名跨境流动的特性，因此很容易被用于非法交易，其产业需要经账户审核、接受反恐怖主义融资及反洗钱等监管。

第三，数字资产的税收问题。美国国家税务局（IRS）对公有链社区参与方，特别是交易参与方的纳税义务一直十分关注，认定比特币和其他加密数字货币为财产而非货币，依照资本增值税法监管，并出台了相应规定。美国国家税务局曾经起诉美国最大的加密货币交易所之一的Coinbase，要求其提供客户的交易资料，作为征税的依据。公有链的税务监管需要适应加密货币和加密资产会计核算的国际通用会计准则的出台。

5. 法律层面监管主体、监管方法及相关法规存在困境

（1）监管主体单一。

自2016年10月互联网金融风险专项整治工作领导小组（以下简称“互金领导小组”）成立，包括互联网金融、区块链金融在内的金融科技主要由该机构实施常态监管。根据国办发〔2016〕21号文件精神，互金领导小组设于人民银行，由银保监会等机构派员参

与日常工作，同时工信部等机构配合互金领导小组在各自职责范围内开展工作。监管层在充分考虑到科技金融复杂性的基础上，为集各机构之力协同监管同时避免政出多头而成立互金领导小组，以其为核心建立“部门统筹、属地组织、条块结合、共同负责”的监管体制，确为防范金融科技风险的一大有力举措，但规制主体的单一行政化属性一方面将导致规制资源的严重匮乏以及规制方法的单一性，另一方面在条块交叉领域也将产生规制的真空地带或多头监管状况。

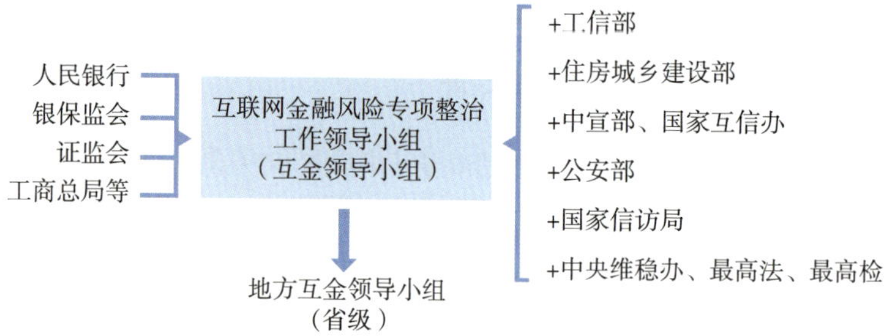

图 8—1　我国区块链金融监管体制

资料来源：朱娟：《我国区块链金融的法律规制——基于智慧监管的视角》，《法学》2018 年第 11 期。

（2）监管方法传统。

目前我国针对区块链金融采取严厉的禁止性规定，从 2013 年的“不得从事比特币相关业务”到 2017 年的“不得从事代币发行融资相关业务”，及 2018 年的“不得从事挖矿业务”“不得为数字货币交易提供支付服务”，命令控制型规制痕迹延续始终，但其规制效果却不甚理想。2017 年 9 月的规制措施出台后，诸多交易平台虽被清退，但却纷纷“出海”，实行场外交易。在办公场所原地不动、仅海外重新注册的情况下继续向境内用户提供相关交易服务，并于 2017 年 10 月之后再度掀起一轮“炒币热”，致使消费者蒙受巨大损失。区块链金融业态在极端严厉的规制措施之下却禁而不止甚至重获“繁荣”，突显了传统监管措施在面对复杂多变的金融科技时的捉襟见肘。

（3）相关法律法规欠缺。

无论是命令控制型监管抑或智慧监管，均需构建法律规范体系，不同之处主要在于法律规范的灵活与详尽程度。而我国对于区块链金融的规制从 2013 年至今虽已有 7 年，却少见立法，导致区块链金融领域的相关主体及其行为处于初期毫无约束、后期完全否定的两个极端之中。这种丝毫不具备可预测性、完全依靠行政命令的栅栏化、运动式监管不仅不利于金融科技创新与消费者保护，对于规制主体全力以赴的防范与化解重大金融风险的价值追求的实现亦明显不利。

三、市场应用方面

1. 专项政策支持较少，内容仍处于应用探索阶段

2019 年上半年区块链政策总体趋势良好，但在统计的 27 项区块链政策中，仅福建省福州市出台《关于印发加快福州市区块链产业发展的三条措施的通知》区块链发展专项政策，政策文件中对于区块链的发展仍处于应用探索阶段。

2. 技术标准有待完善，缺少安全等级评价

近年来区块链技术一直在不断地发展和创新中，尚未有通用的评价标准和体系能对区块链的技术性能和效率、可扩展性、安全性等问题详细规范。虽然区块链技术飞速发展，但技术上还是存在一些安全漏洞。

3. 隐私保护性能堪忧，智能合约停滞不前

目前业界还没有明确提出对于隐私保护的有效解决方案，部分隐私保护应用场景也在不断尝试新的方法，但仍处于试点实验阶段。此外，我国区块链企业对智能合约的创新研发工作一直处于停滞不前的状态，已有的智能合约技术大多仿照国外主流区块链智能合约架构，对智能合约编写语言进行了一定的扩展，以提高智能合约的易用性。

4. 企业增速后继乏力，服务类型同质化

当前区块链企业的发展仍处于高速发展阶段，创业者和资本不

断涌入，形成了各大聚集区。这些聚集区，在中心城市的带动下，区块链企业虽然在增长，但有实质性产出的区块链企业增长速度有所下降，缺乏后继之力。同时，从各企业的服务类型、发展定位来看，多数企业在区块链项目的开发上，多以底层技术的研究、信息数据的处理、解决方案的提供、公共链、平台链等为主，整体上体现出企业服务类型同质化的现象。

5. 杀手级应用仍未出现，第三方评估严重缺失

首先，近年来区块链应用不断落地，覆盖行业广泛，但是还未出现能影响大众生活的杀手级应用。目前区块链在市民中的普及和推广程度远低于大数据、物联网、云计算等其他技术。其次，区块链作为新兴技术，在发展和应用的过程中都存在一定风险和安全隐患，如果没有权威的第三方评估机构对这些应用进行检测认定，就无法保证其所使用的技术在性能和功能上是否符合标准，用户最关心的隐私信息和关键数据的安全保护是否完善到位。

四、人才队伍方面

作为第四次工业革命的核心技术之一，区块链正在开启一个全新的商业领域。在过去的两年中，区块链行业经历了过山车式的发展，一方面，大量围绕“发币”的项目方和企业加快“死亡”，另一方面，真正专注于区块链、技术研发和探索应用落地的公司脱颖而出。泡沫褪去之后，区块链回归应用价值。随着区块链行业发展趋于理性，市场对于区块链专业人才的需求也更加明晰。区块链人才市场也正急剧发生变化，“年薪百万无人领”早已成为传说。大量项目方要么裁员“过冬”，要么解散倒闭。对于需求方区块链企业而言，行业遇冷虽然在一定程度上缓解了人才匮乏，但专业人才的缺口依然庞大，当前区块链人才的存量依然无法满足增量市场的需求。因此，我国要发展区块链这一关键技术，就要建设一批高质量的人才队伍。

1. 政府政策需要大力推动人才体系建设

早在2016年12月，区块链技术首次被列入国务院印发的《“十三五”国家信息化规划》，代表着全新的生产力和发展方向，已经成为引领创新和驱动转型的先导力量。习近平总书记在中国科学院第十九次院士大会、中国工程院第十四次院士大会发表演讲，要求以人工智能、量子通信、移动互联、物联网、区块链为代表的新一代信息技术加速突破应用。至此，以区块链技术为代表的信息科技产业发展已经成为国家级信息化战略，有利于提高国家国际竞争力。

为推动国际信息化战略发展，各地政府应大力从政策层面推动人才体系建设。一方面“向市场要人才”，一直以来，在区块链行业的人才储备的质量和数量上，都始终难以跟上产业高速发展，特别是国际型的专业人才更是匮乏。为引进国内外优质人才，需给予个人更多的优惠政策，例如便利的落户政策、良好的生活环境以及必要的生活补助；同时也要给予中小型企业更多的税收优惠政策，切实解决“新产业、新业态、新模式”注册难、中小创业企业融资难等问题。另一方面“向未来要人才”，推动区块链人才教育规划，鼓励地方高校开设区块链课程，鼓励企业参与民间办学，多方联合建立产业人才专项培训基地等。第一步先将现有校企合作办学模式推广至区块链领域，形成合力，发挥各家优势，第二步创新区块链分布式教学模式，从政策层面鼓励第三方教育、培训机构加入，形成校、企、机构、人才的多方联动。习近平总书记指出，事业因人才而兴，人才因事业而聚，创建最好体制机制吸引人才、留住人才、用好人才，才是重中之重。

2. 高校需要积极推动区块链系统教育建设

区块链课程设计。相比于国外众多名校，国内各大高校开设区块链专门课程普遍起步较晚，课程通用型较低，师资力量跟不上。目前来看，国内各大高校都已经跟上步伐，开设了区块链课程，课程内容主要集中在分布式数据库、密码学、智能经济等领域。接下来，在课程设计上，应本着多元化与市场化的发展需求，将课程内容丰富完善，从通识教育到专业培养，以此而建立起人才培养的内容基石。

建立区块链联合实验室。为贯彻落实区块链教育体系建设，充分协调发挥企业与高校的力量，建立区块链联合实验室不失为一个好的方法。利用高校在某一学科的优势，加上这个领域的头部公司，将市场的运作经验与高校的学术能力充分结合，既解决了前沿的课题又培养了相关的人才。

举办各类实践活动和比赛。从实践中来，到实践中去，新的思想从实践中产生。举办各类活动与比赛，正是以此为目的，让人才培养走出象牙塔，从理论走入实践，在实践中获得真知。更多的是，在活动与比赛中，在客观上宣传区块链知识，提高了社会大众对这个行业的整体认知。

整合各类高校资源。区块链是一种跨学科、多领域的信息技术，而除了个别综合性大学具有全领域的优势学科之外，更多的高校都有自己的优势专业，因此整合各类高校资源就显得尤为重要。在资源整合中，企业或第三方机构就显得尤为重要。例如，一个地区的各大高校可以将人才培养委托授权于第三方机构，并给予优势学科上的教学支持，由第三方机构获取学生，在授课后给予联合培养的结业证书。这种模式既互补了各方，又能够给人才培养提供更丰富的选择。

3. 人才服务机构需要加强服务专业度

在就业服务平台方面，以传统人力资源服务在区块链行业的垂直发展为主，结合原有市场上人才服务体系，以便实现在区块链领域的纵深化拓展；在培训教育平台方面，应结合相关高校、企业以及专业化的教育培训机构，共同拓展培训业务，在教学内容、教学资源、讲师水准以及课程费用等方面形成教学标准高、师资专业强、课程质量更有保障的专业区块链人才培训机构。随着区块链行业的发展，市场上需要越来越多的相关第三方服务机构去寻找更合适的人才解决方案，最终与整个区块链行业共同发展、共创辉煌。

第九章

区块链技术及应用的安全风险

区块链技术或许将成为人类计算机发展史上又一次技术的革命，或许也是信用发展史上一次新的里程碑。区块链技术的发展和应用仍然处于起步阶段，相关的安全监管、风险问题并没有得到很好地重视和解决，频繁出现的安全事件也在给人们敲响警钟。

一、区块链风险事件

Mt. Gox 平台的攻击者通过底层漏洞反复提现，最终导致平台的比特币价格持续走低，最后使平台走向破产。著名的区块链技术平台以太坊之上的 The Dao 应用被攻击事件，暴露了区块链应用存在的安全风险。一系列的用户私钥被盗导致比特币丢失等事件的发生，映射出“去信任”到底真的能不能值得信任，折射了区块链应用中管理存在的安全风险①。

表 9—1　区块链风险事件表

时间	区块链风险事件	最终结果
2010 年 8 月	比特币价值溢出事件。黑客对比特币发动攻击，利用系统漏洞绕过系统检查，打破了比特币的上限设定	黑客凭空创造出 1844.67 亿个比特币，扰乱市场秩序，迫使技术人员被动发动比特币历史上第一次硬分叉
2012 年 3 月及 5 月	Bitcoinica 交易所被攻击，黑客利用服务器的安全漏洞，获得了大量客户的密钥数据包	两次攻击共盗走 61000 个比特币，并促使 Bitcoinica 在同年破产
2012 年 9 月	Bitfloor 与 Bitcoinica 遭受到同样的攻击，被盗走大量比特币	此次事件被盗 24000 个比特币，并导致 Bitfloor 一蹶不振，于次年 4 月被迫关闭
2014 年 2 月	Mt. GOX 作为世界上规模最大的交易所被黑客攻击，由于服务器存在较大的安全漏洞，被迫停止交易	平台被盗取 85 万个比特币，损失 4.7 亿美元。而平台的暂停交易使投资人信心受挫，导致比特币市场价值暴跌 36%

① 柳叶：《区块链应用现状及安全风险研究》，《科技创新与应用》2018 年第 30 期。

续表

时间	区块链风险事件	最终结果
2015 年 1 月	Bitstamp 创新地使用比特币冷钱包和热钱包交易。冷钱包不联网，热钱包在网络交易。但是热钱包被入侵	该平台热钱包共计被盗 19000 个比特币，而冷钱包则幸运没被盗取，这也为以后比特币的管理提供了一定的启示
2016 年 4 月	GenesisDAO 被盗，因此该平台决定通过投票强行创建一个区块链系统进行硬分叉	有 89% 的人支持硬分叉，但是由于篡改时间使部分投资人的资产稀释，导致部分用户离开平台，最终导致该平台重组
2017 年 7 月及 11 月	以太坊因为过多的重签名影响，使平台比特币被盗。而发布的漏洞补丁也存在漏洞进而引发其他问题	被盗 15 万个比特币，损失 3200 万美元。补丁导致客户钱包被锁，而其他用户拒绝平台进行硬分叉，导致被锁的资金永远无法回归
2018 年 1 月	日本 Coincheck 交易所被盗取了大量 NEM（新经币），NEM 被迅速兑换成其他加密货币，导致平台无法恢复	该交易所共被盗取 5 亿个 NEM，共计损失 5.3 亿美元，是目前世界上因数字货币被盗损失最为惨重的事件
2018 年 6 月	韩国两家比特币交易所被攻击，Coinrail 和 Bithumb 的热钱包丢失	其中，Coinrail 损失了 5300 个比特币，损失 4000 万美元。Bithumb 则损失 3100 万美元

资料来源：苏剑：《我国区块链监管体系建设对策研究》，《金融发展研究》2019 年第 12 期。

二、区块链技术风险

区块链技术作为一种新型技术，其自身仍处于不断探索和发展阶段，因此区块链技术的底层技术及其架构系统和应用环节势必将存在许多风险，不仅对产业发展造成潜在威胁与影响，对我国经济的发展稳定也产生了许多不确定性①。

首先，区块链技术架构各层都存在一定的技术风险。数据层面临着量子计算威胁、密钥管理不当、交易关联性紧密和密码组件代码漏洞等安全性问题。网络层的安全问题主要包括 P2P 网络的安全问题、网络拓扑被用于攻击以及网络层面的隐私保护问题。在共识层，区块链上的共识机制发展尚不完善，普遍存在安全性证明不完备、安全性假设不可靠、扩展性差、一致性不稳定、初始化和重构难等问题，除此，不同类型的共识机制还面临不同的攻击威胁。激励层需要解决的主要问题是经济学上的激励不相容问题，包括自私挖矿攻击、Nothing at stake 攻击、扣块攻击（Block withholding attack）和激励不可持续问题。除智能合约创建者在设计业务逻辑时的文本安全问题以外，合约层还面临智能合约代码漏洞、外部数据源调用、缺乏形式化验证、难实现隐私保护等问题。从当前区块链

① 李斌：《我国区块链技术的风险、监管困境与战略路径——来自美国监管策略的启示》，《技术经济与管理研究》2020 年第 1 期。

应用发展来看，应用层设计面临跨链操作难、监管技术缺失和应用层攻击等问题①。

其次，区块链技术应用发展过程中也暴露了一系列技术问题。一是去中心化信任的实质，区块链去中心化的程度尚未达到完美（针对普通用户而言），其他主要区块链应用也同样面临各种各样的去中心化信任问题、共识风险、软硬分叉风险，很多区块链外围应用也不是去中心化的。二是密码学算法及工程实现的风险，区块链是密码学技术的重度应用场景，对密码学技术的依赖程度非常高，一旦设计的密码算法本身存在漏洞或后门，对区块链系统将是致命的，潜在风险巨大。随着零知识证明、承诺协议、安全多方计算等密码协议的引入，协议安全风险也将成为区块链风险的重头戏。三是数字资产或价值的安全存储风险，类似比特币等的协议或网络很好地解决了数字资产或价值持有权的安全传递，即交易流通支付的问题，但是，对于数字资产或价值的静态储存没有给出比较理想的或者安全的解决方案，密钥的更新机制、备份机制也同样需要进行安全的设计②。四是生态圈不成熟，区块链目前还没有完整的生态社区，生态体系的建设还任重道远。此外，智能合约存在很多困境，包括智能合约病毒、智能合约编写人才短缺、智能合约与法律衔接、智能保险风险保障不足、智能合约升级困难等③。

---

① 韩璇、袁勇、王飞跃：《区块链安全问题：研究现状与展望》，《自动化学报》2019 年第 45 期。

② 王永涛、李斌、任望、刘孝男：《区块链广泛应用的潜在技术风险及其影响》，《中国信息安全》2017 年第 7 期。

③ 程显峰：《区块链技术的风险》，《大众理财顾问》2017 年第 3 期。

三、区块链市场风险

区块链自诞生以来就与金融市场紧密相连，所以区块链市场风险更多地暴露于金融领域，另外，近年来，区块链技术发展迅速，在越来越多的场景落地，“区块链＋”领域引发的市场风险不容忽视。我国目前对区块链技术的监管还不够完善，又进一步加剧了市场风险。

一是脱法性问题更突出，数字加密货币合法性尚无定论，且游离于银行系统，反映出金融领域脱法性问题的普遍存在；且区块链技术自诞生以来引发的虚拟货币的泛滥，可能会导致货币政策调节失灵，需要国家加以监管；央行发布《关于防范比特币风险的通知》，同时对ICO融资活动进行风险提示，最后驱离了所有发币的机构和交易的平台，明令禁止ICO，但即使交易平台从国内撤离转移到海外，借助互联网技术的广泛应用，国内依旧可以用App来连接，实现降解。因而，在中国市场“割韭菜”仍具有现实性，普通民众依旧无法幸免；国内区块链技术的合规发展存在很多不确定性，尚无明确的法律规范指引。二是法律监管真空较多，以数字货币为例，区块链金融领域涉及法律多以规章或规范性文件形式出现，缺乏法律规制，尚无法真正起到强有效的监管或预防的作用。现行的《中华人民共和国商业银行法》《中华人民共和国物权法》等无法有效适用于区块链金融领域，加剧了区块链金融领域应用出现的问题。另外，对区块链市场应用监管不足，目前我国只出台了一份规范性文件——《区块链信息服务管理规定》，以实现对区块链行业的长效监管。显然，随着区块链技术的扩展，更多的应用场景落地，却缺乏相应的规范，势必存在较大的风险隐患。三是区块链使传统金融风险交叉，增加了金融体系的不稳定性①。金融领域是区块链技术应用最先且较为成熟的领域，但金融本就是国家严监管的高风险领域，区块链技术又是前沿创新技术，人们对其还没有形成完整的认识，也并未探索出更为有效的规制方法，又因为区块链技术正处于初期发展阶段，很多问题还未暴露，风险存在隐蔽性和不确定性。二者领域交叉，创新不断，风险加剧，势必会影响金融体系的稳定性。四是信息泄露风险加剧，因为公有链上所有参与的节点都能看到交易数据，公众能够追踪数据痕迹，加剧了个人或机构的合法隐私保护②。

市场中还存在应用推广不足的问题，行业应用推广难度较大，应用效果有待进一步验证。虽然区块链行业应用推广总体形势持续向好，尤其在司法和数据存证、金融、供应链等领域形势喜人，但由于区块链技术涉及多方实体数据互联互通，需协调多方机构进行应用落地及推广，如政务、物流、供应链、溯源等领域，参与主体较多，且各主体之间信息化建设程度参差不齐，区块链平台建设和

---

① 张夏恒：《区块链引发的法律风险及其监管路径研究》，《当代经济管理》2019年第41卷。

② 张夏恒：《区块链引发的法律风险及其监管路径研究》，《当代经济管理》2019年第41卷。

协调难度仍然较大。此外，区块链作为降本增效的重要技术手段，目前应用效果还有待验证，各应用场景目前仍处于试点实验阶段，除比特币之外，区块链缺乏典型的应用示范场景和案例。

此外，区块链社会整体认知程度有待深入。社会各界对区块链的看法不一，多数人对区块链的认识不足，有待提高。一是大量民众对区块链的应用价值往往是一知半解，将真正的区块链技术与比特币混淆，认为国家禁止了 ICO、关闭了加密数字货币交易平台就是否定了区块链技术，短时期内难以深刻理解和接受。二是国内的 IT 巨头企业、金融机构虽然纷纷布局区块链，但投入资源有限，且主要应用于非核心业务领域，对区块链技术的应用仍处于初级阶段。三是部分地区政府对区块链的认知仍存在偏见，对区块链技术的安全问题、监管问题、合规问题仍没有清楚的认识，经济较发达地区对区块链发展仍处于观望态度，相关扶持政策和发展力度较为保守①。

目前，各地区政府、团体、企业及群众对区块链的认知日益趋于理性，更加关注技术本身的应用和创新。从技术维度来看，区块链是在互联网技术应用层的创新，是互联网技术的补充，区块链并不是万能的，任何期待区块链立刻颠覆现有信息互联网格局的愿景都是不切实际的。

---

① 中国区块链生态联盟、青岛市崂山区人民政府、赛迪（青岛）区块链研究院：《2018—2019 年中国区块链发展年度报告（下）》，《中国计算机报》2019 年 6 月 17 日。

四、区块链监管与法律风险

虽然区块链技术受到了国家重视，但我国对区块链技术的应用发展处于初期阶段，对区块链技术的监管也处于探索阶段，一系列与区块链技术相关的法律问题亟待解决。一是区块链相关概念的法律问题，区块链涉及的诸多概念尚未有具体法律界定，包括比特币及其衍生币种、智能合约等在内的区块链，其性质如何，法律地位如何界定，都需要立法加以界定，这也是目前区块链发展所存在的基础法律问题，目前尚无相应的针对性法律可依；二是区块链技术规则引发的法律问题，现行实施的法律规则若想在分布式账本发生后对其进行监管则比较难。若想实现有限监管及规避法律风险，则需要事前对其技术规则进行界定，但是这方面在全球看尚无相关的法律制度、技术指引或行业标准出台，无疑加大了区块链监管的难度；三是智能合约引发的法律问题，因为在智能合约中，合约条款以数据代码形式写入区块链的分布式账本，便直接生效、无法干预，甚至违反了法律条款也会得以执行。智能合约因其自身特性及依托技术特性等因素，不可篡改、不可撤销、自动执行，合约当事人也无法违约。因此，智能合约的出现对《合同法》等民事法律体系带来新的挑战。不仅如此，由于区块链技术带来的智能合约可匿名性，若匿名的智能合约发生法律纠纷时，纠纷的另一方是谁都将无法确定，采取传统的诉讼方式进行解决则将难度变大[①]。

---

① 张夏恒：《区块链引发的法律风险及其监管路径研究》，《当代经济管理》2019年第41卷。

第十章

区块链安全保障与依法治理

一、区块链安全保障

1. 技术保障

性能安全问题仍是制约区块链产业发展的重要瓶颈。区块链的性能问题源于自身的体系架构，其中联盟链性能要明显优于公链性能，这与联盟链中节点数量和共识机制有关。为提升区块链性能效率，业界展开了技术攻坚，诸如并行计算、跨链、多链、有向无环图、分片等技术不断涌现，使得区块链性能效率得到长足提高，也为区块链产业应用提供了强大的技术支持。由于分布式系统的共识机制、区块链底层协议、网络传输协议以及区块链安全等因素，区块链性能还无法与传统中心化系统相媲美①。

区块链技术安全方面，主要是区块链技术产生时间尚短，仍面临较多的安全隐患。一是区块链技术本身核心技术或机制不完善，包括共识机制和智能合约逻辑漏洞、密码算法安全、P2P 网络机制安全等，由此带来的安全攻击有 51% 攻击、女巫攻击、双花攻击、日食攻击等。2018 年 5 月，比特币黄金（BTG）遭遇 51% 攻击、双花攻击，损失 1860 万美元。同月，360 公司 Vulcan（伏尔甘）团队发现了区块链平台 EOS 的一系列高危安全漏洞，市场哗然。二是区

① 中国区块链生态联盟、青岛市崂山区人民政府、赛迪（青岛）区块链研究院：《2018—2019 年中国区块链发展年度报告（下）》，《中国计算机报》2019 年 6 月 17 日。

块链技术实现上仍存在大量安全漏洞。即使在理论上很完备的算法，也会有各种实践上的错误，区块链大量使用各种密码学技术、P2P网络协议和分布式传输协议，不可避免地出现各类漏洞。三是密钥管理存在隐患，私钥是用户生成并保管的，没有第三方参与，一旦丢失便无法对账户的资产做任何操作。解决区块链性能安全问题，前提是确保区块链技术本身更加安全。

（1）算法实现安全。

由于区块链大量应用了各种密码学技术，属于算法高度密集工程，在实现上比较容易出现问题。历史上有过此类先例，比如NSA对RSA算法实现埋入缺陷，使其能够轻松破解别人的加密信息。一旦爆发这种级别的漏洞，可以说构成区块链整个大厦的地基将不再安全，后果将极其可怕。之前就发生过由于比特币随机数产生器出现问题所导致的比特币被盗事件。

一方面可以选择采用新的、本身经得起考验的密码技术，如国密公钥算法SM2等。另一方面可以对核心算法代码进行严格、完整测试的同时进行源码混淆，增加黑客逆向攻击的难度和成本。同时也要加强国家合作与交流，共同构建区块链技术国际安全网。

（2）共识机制安全。

当前的区块链技术中已经出现了多种共识算法机制，最常见的有Po W、Po S、DPo S。但这些共识机制是否能实现并保障真正的安全，需要更严格的证明和时间的考验。很多时候，也存在风险事件发生倒逼提升技术安全性能和创新代码机制的情况，但我们应该更多地未雨绸缪，不断考察和验证已有共识机制可能存在的风险和漏洞，进而及早进行技术升级，探索更多的安全保障方法。

（3）区块链使用安全。

区块链技术一大特点就是不可逆、不可伪造，但前提是私钥是安全的。私钥是用户生成并保管的，理论上没有第三方参与。私钥一旦丢失，便无法对账户的资产做任何操作。一旦被黑客拿到，就能转移数字货币。因此用户应该增强防范意识，在使用过程中注意加强对私钥的保管。

（4）系统设计安全。

由于在业务设计上存在单点故障，像 Mt. Gox 平台系统容易遭受 DoS 攻击。目前区块链是去中心化的，而交易所是中心化的。中心化的交易所，除了要防止技术盗窃外，还得管理好人，防止人为盗窃。所以，为了保证区块链系统安全，可参照 NIST 的网络安全框架，从战略层面、企业或者组织的网络安全风险管理的整个生命周期的角度出发构建识别、保护、检测、响应和恢复 5 个核心组成部分，来感知、阻断区块链风险和威胁。一方面要保证设计的功能尽量完善，如采用私钥白盒签名技术，防止病毒、木马在系统运行过程中提取私钥；设计私钥泄露追踪功能，尽可能减少私钥泄露后的损失。另一方面，应对某些关键业务设计去中心化，防止单点故障攻击。

保障区块链技术安全，一是提高区块链安全风险防范认识，组织力量对区块链安全风险问题展开持续性和常态化研究。根据区块链技术特点和发展变化，对区块链技术、应用潜在风险，以及不断变化的攻击手段和方式，展开持续性跟踪和分析，研判安全风险发展趋势，增强安全风险防范意识。二是研究制定区块链技术、平台、应用生态的安全技术要求、标准。明确区块链技术、平台、应用生态面临的主要威胁，以及相应的安全体系架构。针对各关键模块提出的安全技术要求，形成区块链安全标准体系。三是深入研究区块链安全风险检测和应对技术。针对区块链核心技术与机制、平台架构、应用部署等不同类型的潜在安全问题，研究覆盖区块链编码、运行、部署和管理各个环节的应对解决方案，如智能合约代码审计、漏洞检测、入侵行为分析等安全技术手段。加强安全技术研究，构建区块链安全风险应对能力。

针对区块链性能安全问题，建议如下几类创新解决方案。一是并行的方式。例如以太坊分片技术、墨客 MOAC 子链技术、Fabric 多通道技术。二是 DAG（有向无环图）方式。例如区块链与物联网创新项目 IOTA 采用 DAG 技术使得区块链系统的可扩展性不再受到区块大小限制，仅取决于网络带宽、CPU 处理速度和存储容量等。三是优化共识算法的方式。例如 PoS 共识算法通过保持多中心情况下减少参与共识节点的方式以获取性能的提升。四是链下扩容方式。例如闪电网络、雷电网络等创新技术提高区块链处理交易能力，实现即时确认低费用、高吞吐量的支付。针对区块链技术中隐私保护问题，业界提出了混币、环签名、同态加密、零知识证明、多方安全计算等创新技术方案。针对区块链可扩展和互联互通问题，业界提出了跨链的解决方案。主流的跨链技术有侧链/中继、公证人机制和哈希锁定三种方式，代表项目分别有 COSMOS、Ripple、Lightning Network。针对区块链安全问题，尤其是区块链的智能合约安全问题、公私钥存储安全问题以及底层平台攻击问题，业界提出了代码审计、形式化验证、智能硬件钱包、混合共识机制等解决方案。随着学界和业界对区块链研究的不断深入，区块链技术创新成果将不断落地①。

2. 产业生态保障

目前，我国区块链产业处于高速发展阶段，产业链条已经初步形成：上游产业以矿机、硬件钱包等硬件制造、云平台服务、安全服务为代表；中游项目以为区块链提供底层架构、开发平台和生态作为支撑，典型代表包含公链币、交易所、钱包等；下游包括产业技术应用服务，以及保障产业发展的行业投融资、媒体、人才服务。目前，各领域的公司已经基本完备，协同有序，共同推动着区块链产业不断前行。区块链领域正在吸引越来越多的创业者和资本入场，成为创新创业的新高地。

在产业技术应用场景方面，国内互联网行业巨头纷纷加入了区块链技术研究与场景应用实践化的行列中，如腾讯、蚂蚁金服、百度、京东等。目前，腾讯区块链 TrustSQL 能够提供企业级区块链基础服务平台，为合作企业提供一站式构建区块链行业应用的整体解决方案，其已经落地供应链金融、医疗、数字资产、物流信息、法务存证、公益寻人等多个场景。蚂蚁金服的蚂蚁区块链基于区块链技术去中心化、分布式存储及防篡改的特性，已落地公益募捐等场景。百度推出的区块链开放平台“BaaS”是一个商业级区块链云计

① 中国区块链生态联盟、青岛市崂山区人民政府、赛迪（青岛）区块链研究院：《2018—2019 年中国区块链发展年度报告（下）》，《中国计算机报》2019 年 6 月 17 日。

算平台，主要是帮助企业联盟构建属于自己的区块链网络平台。百度还推出了区块链游戏产品，且旗下成立了区块链技术研发公司“度链”。京东运用区块链、物联网、大数据技术搭建的“京东区块链防伪追溯平台”，从解决商品的信任痛点出发，精准追溯商品的存在性证明特质，让所有生产、物流、销售和售后信息分享进来，共同打造完整且流畅的信息流①。

从跨界认知特性看，跨学科合作、对接 IC3（Internetand Computing Core Certification）是未来的发展方向。区块链技术需要成立全球性的跨学科组织，才能适应区块链语境下数字金融的发展要求。结合政策引导、理论研究、法律跟进、场景应用、技术实践、人才对接、资本接入等因素，我国应当形成符合国情的全产业链的区块链架构整合，需要面向全球前沿技术领域，借助强大的社会资源，与国内外高校科研院所、企业及核心会员等共同构建政、法、产、学、研、用一体化的区块链生态体系。而形成完善的区块链产业生态系统，须从技术创新、人才培养、风险防控、生态协调、产业监管五方面着手。

第一，全面整合技术创新资源。主要是集聚产学研用多方资源，密切关注国际技术前沿，打造区块链基础研究平台，降低区块链技术应用落地的难度，同时积极鼓励发展开源式区块链项目，高效整合基础技术资源，提高协同创新能力。

第二，积极构建人才支撑体系。主要是加快构建产学研用一体化的人才培养模式，以高校、科研院所为主体，以企业需求为导向，

---

① 王达、王国强：《区块链的发展之路》，《张江科技评论》2019 年第 6 期。

以科技园区、实训基地为平台，加快培育区块链领域专业人才；同时鼓励区块链企业创办“企业大学”，以区块链应用推广为抓手，通过向全社会普及区块链应用，搭建社会再培训平台。

第三，加快建立产业风险防控体系。首先要提高对区块链安全风险防控的认识，以技术突破化解技术风险。其次要明确区块链产业生态系统面临的主要安全问题，建立各领域的安全防控标准。再次要加快法律制度建设，有效约束各类主体的行为，防范化解潜在风险。

第四，全面统筹产业发展布局。从国家层面做好区块链发展的顶层设计和总体规划，明确区块链发展的总体方案、路线图和时间表；建立各地区、各部门间的区块链产业发展协调机制；加强对各地区块链产业发展的引导，避免“一哄而上”盲目发展。

第五，推动建立更好适应区块链产业发展的监管体系。要加快相关政策法规的制定，为区块链产业生态系统发展提供法制化环境；推动单向监管、被动监管与区块链产业的自我监管相结合，积极应对新技术变革的潜在风险；鼓励行业机构开展认证服务，为区块链产业监管提供第三方评价，保障区块链产业规范发展①。

3. 监管保障

2019 年 1 月，中央网信办发布了《区块链信息服务管理规定》，并联合有关部门共同开展区块链信息服务备案管理工作，积极落实区块链应用的备案制和实名制，目前我国境内的区块链的监管已经

---

① 邵伟：《如何完善区块链产业生态系统?》，《上海金融报》2019 年 12 月 31 日。

初见成效，2019 年已公布了两批区块链信息服务备案编号。

但是目前我国对区块链技术进行监管引导的法规仅有一部，随着区块链技术的广泛应用，未来可能需要对区块链技术发展和应用进一步规范，构建更完善的法律体系，以促进区块链的安全健康发展。同时，区块链技术作为改变人类社会的科学技术，势必需要注意激发其创新革新特性，“软法”先行，“硬法”托底，真正推动区块链技术创新与安全并重。

二、区块链依法治理

1. 构建完善的区块链法律体系

要完善基本法律制度，以法律形式明确区块链的合法地位及法律性质，提高立法层级，可由全国人大相关部门牵头其他关联部门出台法律或行政法规。针对区块链领域，可以出台切实可行的针对性的专用法，对现行的相关法律进行修订。总体来看，需要尽快做到有法可依。为推动区块链良性健康发展，有必要系统研究并制定区块链领域的基本监管制度，根据不同应用场景设置不同的准入门槛、运行规则，并实行相应的监管及惩罚制度，逐步建立区块链领域的配套法律体系及监管制度体系。还可加强行业自律，“软法”自律，借鉴中国互联网金融的监管方法，可通过行业规范、行业公约、企业标准、行业标准等方式鼓励和支持区块链技术及应用行业自律发展。

2. 促进多方主体参与依法治理

以中央网信办进行底层技术的监管，以金融监管部门和新闻监管部门对于特许行业进行监管，以国家发改委和工信部对产业应用进行监管，推进“区块链”技术标准建立，统一数据格式和通信协议，用行业标准引导行业发展和应用落地①。网信办牵头，电信主管

① 黄震、姚贝：《区块链技术及其应用的监管路径探析》，《衡阳师范学院学报》2020 年第 41 期。

部门、公安部门和其他有关机关在各自职责范围内配合区块链技术标准化建设、区块链安全保护和监督管理工作。针对区块链的不同应用场景设立不同的准入门槛，制定技术基础设施标准指引、风险预警、风险评估和风险规制的监管体系，建立规范的区块链技术标准，依据技术标准施以监管，维护信息安全与网络技术安全。同时加强防火墙、数据痕迹、数据加密等技术防范措施，在风险发生的第一时间启动应急措施，将风险尽量降低到最低程度。依托技术监管体系，构建危机入侵监测、灾害恢复等管理制度，完善技术风险治理制度。

金融机构、金融科技企业以及社会公众都可以充当监管主体，通过自监管、联合监管等方式创新监管模式，共同打造以政府部门为主，其他监管主体为辅的多元化协同监管模式。

3. 运用多样思维促进依法治理

区块链技术及其应用的监管要坚持动态规划和动态引导的理念。区块链技术是动态发展的技术，是不断进行技术集成的技术，是正在演化多种应用的技术，我们必须跟进技术的迭代发展，追踪技术的发展脉络，进而摸索技术的发展和应用规律，探索技术与监管的匹配关系，尤其是要将已有的产品、功能与现有监管体系匹配，在技术迭代的同时推进监管创新，及时应对技术变革的风险。在监管政策和技术发展的双重引导下，探索区块链技术应用地图演进的规律，前瞻性地探索区块链技术从金融领域到民生领域、产业领域再到政府治理等领域的演进路径。

区块链技术及其应用的监管要注重分类、分层的引导。区块链技术在不断地分类，分为公有链、私有链、联盟链等，公有链是最难进行监管，私有链最容易监管，联盟链监管难度居中，不同的链有不同的特性和不同的监管难度，也需要有不同的监管政策和措施。区块链技术不同层级的内容、功能，也需要适用不同的监管方法和策略，对应到不同的监管主体。同样，应当对金融领域和非金融领域的监管严格区分，对于币圈和链圈的监管也需要相应区分，采取不同的监管政策和措施，防范炒币风险，但要鼓励技术创新发展和应用。

区块链技术及其应用监管要坚持纳入式监管和创新监管相结合①。我国监管体系还不能完全覆盖区块链技术的全部应用，同时技术更新的速度也使得全面监管面临极大难度，因此对于部分无法纳入现行监管体系的有实际价值的应用，更要创新监管，或者说是包容式的监管，而不是简单地一禁了之，扼杀技术创新的生命力和活力。但是，对于一些缺乏实际价值，只是借助区块链概念炒作的应用，也要加以识别和有效引导。区块链技术在产业创新中发挥着不可忽视的作用，必须对其审慎监管，包容监管，创新监管，要在有效防范风险和激发技术创新活力之间寻找平衡，正面引导和规范区块链市场、生态，推动其良性健康发展。

区块链技术及其应用监管要坚持“软法”先行、“硬法”托底，刚柔并济，混合为治②。互联网金融的兴起及监管实践警示我们不能

---

① 邓建鹏：《比特币监管：堵不如疏》，《中国经济时报》2017 年 6 月 13 日。

② 黄震、龙曙光：《互联网金融法治的混合法之路》，《中国党政干部论坛》2015 年第 4 期。

固守传统的事后监管，不然最终会付出巨大代价。而是从一开始就要多方同时在线，多方同时进行实验，同时介入监管，将市场中所有的创新放入“技术、市场、监管”一体化的思路中。同时，监管也要在一体化的链上进行网上跟进、观测和规范。因此，区块链技术也应该避免传统的“先试再管”思路，摒弃“先后”顺序，应该一边进行技术开发，一边推进区块链应用进行监管。当传统监管不再适用于技术创新，就要积极推动制度创新。将技术创新与制度创新两个轮子同时驱动，最终引导区块链落入监管体系，落入国家法治体系，才是区块链技术及应用市场健康发展的要求，也是国家监管制度创新的趋势①。

4. 运用多种手段推动依法治理

区块链应用涉及的领域越来越多，监管各方都已经有些监管举措，但是必须避免重演“九龙治水反而治不好水”的闹剧。一定要多方共治，采取各种手段进行治理，更好地、不断地在探索中优化迭代，加强各方力量，从而引导区块链在发展中不断优化自身，同时，优化监管对策。

作为新兴行业，区块链的一些细分领域多无规则可循，监管者应严格在法律事先规定的范围内设定负面清单，保持法规的一致性，从而让市场参与主体对行业有确定预期。区块链技术创新是面向未来的探索，往往没有太多的先例可供遵循。在这个全球竞争激烈的技术领域，监管机构不应超越固有法律规则，设立模糊的负

① 黄震、姚贝：《区块链技术及其应用的监管路径探析》，《衡阳师范学院学报》2020 年第 41 期。

面清单，给市场参与者带来不必要的政策与法规风险，让市场主体如玻璃瓶一般，触手便碎，动辄得咎。超越法律设定负面清单，将影响中国区块链企业的技术竞争力。面对全球区块链创新的挑战，缺乏竞争力的市场主体，将使国家背负巨大风险。以维护金融市场安全的名义，简单粗暴地对待市场主体，容易形成“剪不断理还乱”的风险结局，这是需要监管者与市场主体谨慎对待的重大问题①。

美国的区块链政策有深厚的实用主义和经验主义色彩，监管者对区块链不会轻易出台绝对禁止或全面鼓励的两极分化政策，而是由联邦各个机构采取相关措施，包括美国国会召开区块链技术听证会、稳定币项目听证会，美国证券监管机构（SEC）对违规 ICO 项目方进行起诉等种种措施，经由观望、理解和监管，一步步评估其区块链技术领域存在的不同风险，在探索中全面考察区块链的技术前景与风险所在，把握监管节奏。英国首创的监管沙盒机制，其体现的实用主义和经验主义色彩与美国有一脉相承之处。与中国固有的“试点”机制有异曲同工之处。对任何新兴行业而言，监管和法律法规的完善是一项长期 、具体的工作，要创新监管思维和监管机制。避免出现“一管就死、不管就乱”的传统困境，因此，中国监管机构可以考虑适当引入监管沙盒，以避免出现以往那种“ 不管就乱、一管就死”的后果②。监管沙盒有助于监管者在创新中发挥建设性作用：通过监管

① 邓建鹏：《区块链法治化监管需要大智慧》，《人民论坛》2020 年 1 月。

② 邓建鹏：《区块链监管的法治进路》，《衡阳师范学院学报》2020 年第 41 期。

措施的主动调整，促进市场创新，将被动响应、等待风险事件驱动的监管理念转变为主动引导的理念。这与中国固有的政治智慧存在契合之处[①]。

① 邓建鹏、李雪宁：《监管沙盒的国际实践及其启示》，《陕西师范大学学报（哲学社会科学版）》2019 年第 5 期。

后记

在全球新一轮科技革命与产业变革蓬勃展开之际，中共中央党校出版社为了使全国领导干部及广大读者更好地了解人工智能、数字货币、区块链等黑科技，积极策划组织出版“与领导干部谈黑科技系列丛书”，由工信部副部长陈肇雄担任丛书编委会主任。编委会约请本人编撰《与领导干部谈区块链》，让我一方面感到十分荣幸，另一方面又感到压力山大。因为区块链是技术极客搞出的“颠覆式创新”，没有深厚的技术功底一时难以理解其技术原理与机制，没有持续的跟踪研究难以了解其最新动态与迭代水平，我虽然较早关注到比特币和区块链，之前也写过一些区块链有关的文章和书籍，但是在技术大咖面前我只不过是一个技术爱好者和学习者而已，岂敢跟领导干部去高谈阔论？因此，接到邀约后我再三推辞，希望编委会的同志能够找到更为合适的编撰者。

2019 年 10 月 24 日，中共中央政治局就区块链技术发展现状和趋势进行第十八次集体学习的消息传出之后，编委会执行主任杨志梁先生与策划编辑任丽娜女士两度专程来到我办公室探讨黑科技系列丛书编辑出版事宜，他们认为《与领导干部谈区块链》一书要加快出版进度了，领导干部学习区块链的热情高涨，事不宜迟，鼓励我尽快承接写作任务。感动于他们的诚意，我鼓起勇气表示可以试试。我以最快的速度拿出了第一版提纲，征求有关专家学者意见之后，结合区块链技术进展和领导干部的需求，杨志梁先生、任丽娜女士和我反复推敲讨论，对写作提纲进行了三次打磨修改，让本书的写作框架趋于合理和完善。

然而好事多磨，在疫情封闭式管理期间，我们感受到了生命的脆弱与宝贵，在关注疫情及其带来的冲击的同时，继续坚持收集和编撰区块链有关文字，特别是区块链在疫情中有了新的成功应用，并被国家纳入“新基建”中，验证了我们的猜想，增加了我们对于本书内容的信心。

2020年是不平凡的一年。我们挺住了疫情的冲击，在我国疫情防控取得重大战略成果的时刻，本书即将付梓面世，该书的出版见证了一系列不平凡的危难事件和中华民族不屈的民族精神。感谢编委会交给我这个光荣的任务，特别要感谢杨志梁先生和任丽娜女士，没有他们不断的鼓励和坚持，或许疫情已把该书出版的计划打断。感谢编委会成员黄蕾和姚贝两位同志在疫情期间坚持工作，即使封闭在家依然协助我查找了大量资料，不厌其烦配合整理案例和更新数据。感谢我家人的大力支持和鼓励，减少了疫情对我的干扰，让我能够专注于学术研究和编撰写作，让本书如期顺利出版。

我们希望本书的出版，能够让各级领导干部和相关研究人员对于区块链技术及其应用形成基本的认识和判断，有助于他们提高区块链技术治理能力和相关产业运筹能力，也期待在后疫情时代区块链能够成为我国技术创新的新动能，在建设网络强国、发展数字经济、助力经济社会发展等方面发挥更大作用。

黄　震

2020 年 5 月 30 日